羊城学术文库·政法社会教育系列

集体林权流转制度研究

Study on Circulation Institution of
Collectively-Owned Forest Rights

杜国明 著

社会科学文献出版社
SOCIAL SCIENCES ACADEMIC PRESS (CHINA)

羊城学术文库学术委员会

羊城学术文库
总　序

　　学术文化作为文化的一个门类，是其他文化的核心、灵魂和根基。纵观国际上的知名城市，大多离不开发达的学术文化的支撑——高等院校众多、科研机构林立、学术成果丰厚、学术人才济济，有的还产生了特有的学术派别，对所在城市乃至世界的发展都产生了重要的影响。学术文化的主要价值在于其社会价值、人文价值和精神价值，学术文化对于推动社会进步、提高人的素质、提升社会文明水平具有重要的意义和影响。但是，学术文化难以产生直接的经济效益，因此，发展学术文化主要靠政府的资助和社会的支持。

　　广州作为岭南文化的中心地，以其得天独厚的地理环境和人文环境，其文化博采众家之长，汲中原之精粹，纳四海之新风，内涵丰富，特色鲜明，独树一帜，在中华文化之林中占有重要的地位。改革开放以来，广州成为我国改革开放的试验区和前沿地，岭南文化也以一种崭新的姿态出现在世人面前，新思想、新观念、新理论层出不穷。我国改革开放的许多理论和经验就出自岭南，特别是广州。

　　在广州建设国家中心城市、培育世界文化名城的新的历史进程中，在"文化论输赢"的城市未来发展竞争中，需要学术文化发挥应有的重要作用。为推动广州的文化特别是学术文化的繁荣发展，广州市社会科学界联合会组织出版了《羊城学术文库》。

《羊城学术文库》是资助广州地区社会科学工作者的理论性学术著作出版的一个系列出版项目，每年都将通过作者申报和专家评审程序出版若干部优秀学术著作。《羊城学术文库》的著作涵盖整个人文社会科学，将按内容分为经济与管理类，文史哲类，政治、法律、社会、教育及其他等三个系列，要求进入文库的学术著作具有较高的学术品位，以期通过我们持之以恒的组织出版，将《羊城学术文库》打造成既在学界有一定影响力的学术品牌，推动广州地区学术文化的繁荣发展，也能为广州增强文化软实力、培育世界文化名城发挥社会科学界的积极作用。

广州市社会科学界联合会

前　言

　　集体山林是我国森林资源的重要组成部分，直接关系到经济、生态和社会效益的实现，而目前我国集体山林林分质量低下，林业生产力水平、林地经营水平和产出率都比较低。完善的集体林权流转制度是提高森林资源配置效率的关键。健全的集体林权流转制度体系建设势必能够减少新的林权流转制度与其他制度之间的摩擦，提高制度创新的效率，减少集体林权在流转过程中的不确定性和风险。

　　本书按照"问题—分析—对策"的思路展开，全书内容共九章。第一章导论，简要介绍了研究背景与意义、基本概念辨析、国内外研究现状等问题。第二章主要总结了我国集体林权流转制度变迁的历史和现状。第三章构建了集体林权流转制度体系的框架。第四章至第八章分别针对产权制度、交易制度、价格制度、利益分配制度和配套制度存在的理论及实践问题，提出完善思路。第九章是研究结论与展望，同时指出了本书的创新及不足之处。在综合借鉴国内外已有研究成果的基础上，本书针对集体林权流转制度中存在的突出问题，综合运用林业经济管理、新制度经济学、法学等理论和方法，主要从制度结构视角，深入考察集体林权流转制度的现状和问题，并提出了深化集体林权流转制度改革的理论思路和对策建议，力求回答集体林权流转制度"为什么要改"和"如何改"的问题。

　　本书的主要学术价值和应用价值如下。

第一，从制度结构的角度构建出适合国情的集体林权流转制度。

完整构建了适合国情的集体林权流转制度的框架体系，包括产权制度、核心制度和配套制度三部分。其中产权制度是基础；核心制度包括交易制度、价格制度和利益分配制度，是整个集体林权流转制度体系最主要的部分；配套制度是保障。我国林权的产权体系结构由物权（包括所有权、用益物权、担保物权）和债权两大类权利组成。集体林权流转交易制度由交易规则体系、交易监管体系、交易服务体系等三个制度体系组成，这三个制度体系也是集体林权流转交易制度的"三驾马车"。科学的价格形成机制包括三大体系：科学的市场竞价体系、合理的基准价格体系、规范的价格评估体系。集体林权流转中主要存在着政府与生产经营者、农民集体与林农、转出方与转入方、生产经营者与生态受益者等四类主体之间的利益冲突。配套制度主要包括林权纠纷化解制度、林业保险制度、专业合作社制度、林地征收制度、林业科技支撑制度、就业及社会保障制度等方面。

第二，提出"均股、均利"的集体林权产权确权方式更符合国情。

改革开放以后，家庭承包责任制充分激发了农民的生产积极性，促使农村改革取得了巨大成功，但同样的改革思路，在集体林地中却未能取得成功。尽管林业改革也进行了不少尝试，但至今仍未见奇迹出现。实践中，最突出的争议在于是否"分山"，即到底要不要采用家庭承包经营方式。那么，这两种集体林权经营方式应该如何选择？本书认为家庭承包经营不是实现"明晰产权"的唯一方式，"均股、均利"的集体山林经营方式可能更符合国情。

第三，明晰了林权的法律界定和产权结构体系。

（1）重构林地、林木、森林、森林资源等基本概念。①以"林地林木"取代"森林"，《森林法》更名为"林地林木法"。②林地界定为林业规划用地。③林木是指生长在土地上的树木或竹子，包括孤立木（竹）。④淡化森林和森林资源两个概念。

（2）明晰林权的内涵及性质。①林权作为一种复合性权利，具有林地所有权、林地使用权、林木所有权和林木使用权等四种基本表现形式，同时还有采伐利用权、资源采集利用权、景观开发利用权、抵押权等综合性权利或衍生权利。②林权客体宜确定为林地和林木，森林不宜作为林权客体。③林权并非纯粹的物权。

（3）提出集体林权产权结构体系和物权变动模式。①我国林权的产权结构体系由物权（包括所有权、用益物权、担保物权）和债权两大类权利组成。②认为我国应当采取债权形式主义物权变动模式。

第四，为各级政府提供操作性强的政策建议。

本书具有重要的政策意涵和应用前景，可为国务院、国家林业局、各省市有关领导改革战略的决策提供科学的理论依据、可操作的方案与实施对策，更可为集体林权配套改革工作提供一套操作性强的新思路和新方法。

目 录
CONTENTS

1

导　论

1.1　研究背景

1. 集体山林的经营关系到经济、生态和社会效益的实现

集体山林是我国森林资源的特殊产权形式，也是我国森林资源的重要组成部分。集体山林分布呈现南方多、北方少，东部多、西部少的特点，其中80%的集体山林分布在我国南方地区。据第六次全国森林资源清查，全国林业用地面积为2.83×108公顷，活立木蓄积量为1.33×1010立方米。其中，集体林业用地面积为1.67×108公顷，占全国林业用地的59.01%；集体林活立木蓄积量为4.35×109立方米，占全国活立木蓄积量的35.3%。开发利用集体林资源不仅是促进我国山区经济发展、实现农村人口增收致富的有效途径，也是弥补国内木材及林产品供需缺口的有力保障，经营好集体林资源还有利于调节气候、保护生物多样性、涵养水源等生态建设目标的实现。

2. 目前我国集体山林生产经营效率不高

长期以来，我国集体林经营主体多，规模小；经营管理水平落后，收益低；集体林产权不清晰，主体收益缺乏保障（邱俊齐，2007）。我国对集体林权制度也进行了多次改革，经历过"分山分林到户""山林入社""山林集体所有、统一经营""林业三定"等不同阶段（徐秀英、吴伟光，2004）。在"林业三定"

时期，集体林被简单地划分给不同的农户经营，缺乏相应的制度保障，农户对于林地使用权、林木所有权和收益权缺乏信心，因而造成无序采伐以获得林木资源，最终导致此次改革以失败告终。据统计，我国集体林林分平均蓄积量是 84.75 立方米/公顷，而世界平均水平是 100 立方米/公顷以上。与日本相比，虽然我国的集体林面积和森林蓄积量均远远超过日本，但是每公顷蓄积量仅为日本国有林每公顷蓄积量的 29% 和日本民有林的 23%（宰步龙，1999）。因此，我国集体林林分质量低下，林业生产力水平、林地经营水平和产出率都比较低。

3. 集体林权制度改革有利于集体林权流转

我国于 2004 年在福建、江西、浙江、辽宁等省开始了新一轮集体林权制度改革。经过 3 年的改革试点，此次林权改革经验于 2006 年起在全国范围内逐步推开。新一轮集体林权制度改革的核心内容为"明晰产权、放活经营权、落实处置权、保障收益权"，其根本目的在于激发林业生产经营者的积极性和提高林业生产力水平。而集体林权流转工作开展的好坏直接关系到集体林权制度改革目标能否完好实现。2003 年颁布的《中共中央、国务院关于加快林业发展的决定》中明确规定，在明确权属的基础上，国家鼓励森林、林木和林地使用权的合理流转，各种社会主体都可通过承包、租赁、转让、拍卖、协商、划拨等形式参与集体林权的流转。2003 年 3 月实施的《农村土地承包法》规定林地承包期可延长到 70 年；特殊林地的承包期，经国务院林业行政主管部门的批准可以延长，林地承包经营权可以在承包期内由法定继承人继承，并允许使用权和经营权转让。"四荒地"的拍卖工作也在全国展开，允许这些土地的收益权自由转让。2007 年 3 月颁布的《物权法》，从法律上明确了林地承包经营权的物权性质，延续了《农村土地承包法》的流转制度，为林权流转提供了法律保障。为了适应林权流转的现实需要，福建、江西、湖南等地纷纷出台相关流转条例（办法）。

1.2 研究意义和目的

1.2.1 研究意义

1. 现实意义

首先，集体林权规范、有序、高效的流转是林业经济向市场经济体制转轨的现实需要。鉴于我国森林资源权属的特殊性和权利束的复杂性，为了保证我国的森林资源产权能同其他商品一样参与交易，除了"明晰产权"外，还需要一套合理完善的林权流转制度体系。通过构建合理的林权流转制度来指导森林资源产权流转活动，使林权流转制度成为解决"绿色银行"无法发挥效用的突破口；而"绿色银行"效用的发挥，也能弥补林权流转制度无法有效流转、发挥效用的弊端，使二者更好地服务于林业经济发展。

其次，完善的集体林权流转制度是实现森林资源合理配置的关键。通过林权流转制度的建立去完善森林资源产权市场体系，形成市场化的森林资源配置方式，促进要素市场的发育、市场体系的完善，推动包括非公有制林业在内的林业经济的全面发展。在对森林资源产权市场的发育起推波助澜作用的同时，通过森林资源自愿、等价、有偿的流转，使林业生产要素实现合理配置，这对推动林业的适度规模经营也有重要影响。

再次，健全的集体林权流转制度是林业实现社会化的基础。当今世界各种社会林业形式的发端均开始于林权制度的改革，而且改革的重点是突破林权公有。我国目前亦是如此，将不同的森林资源产权由政府在社会范围内分配或流转到社会各领域，形成森林资源产权主体多元化、社会化的格局，激发民间参与林业建设的活力。因此，合理的、健全的集体林权流转制度对林业的可持续发展产生最为直接的影响（马莉祯，2009）。

2. 理论意义

一方面，要完善我国集体林权流转的相关基础理论。尽管我国理论界对集体林权流转的前提基础、现实问题、规范运作、发展模式等进行了大量研究，但现有的理论研究尚不完善，难以解决实践中的问题。本书试图整理关于集体林权流转的相关政策、法规，丰富有关的基础理论。通过对林权流转的制度研究，以期拓展林业政策法规研究的内容，弥补理论方面的不足，进而能从理论上超越实践并指导实践中林业活动的运作及发展。

另一方面，将从认识层面揭示集体林权制度改革中林权流转的现状和特点、影响林地林木流转的内在动因，将为完善集体林权流转制度提供科学依据，并运用计量分析等实证研究方法，结合林业生产的特殊性，对林权流转的内在问题开展研究；将从方法层面对集体林权制度改革研究，尤其是林权流转研究，进行新研究工具的探索，为今后相关研究提供一定的学术示范价值。

1.2.2 研究目的

尽管林地属于农村土地范畴，近年来有关农地流转的研究众多，但是林地流转并没有被纳入农地流转研究范畴。现有林地流转研究多运用规范研究方法，从流转形式、流转机制等角度出发，探析流转中存在的问题和政策对策。目前，将集体林权流转置于新的制度环境中，综合运用规范和实证研究方法，对集体林权流转的现状和特点、影响因素、主体行为的系统研究较为欠缺。有鉴于此，本书以广东省为例，综合运用新制度经济学、林业经济管理等理论和方法，从根本上解决林地林木流转问题，为相关制度的完善提供科学依据。具体研究目标有以下几方面。

第一，基本概念及基本理论问题的梳理。众多学者从经济学、管理学、社会学、法学等不同学科角度对集体林权流转的基本概念、内容、方式和物权变动模式等基础理论问题进行了研究，但缺乏统一认识，故本书对相关基础理论问题进行了全面梳理，希望能够促进学界的共识。

第二，探析集体林权流转制度变迁的内在逻辑。在概括我国集体林权流转历史进程的基础上，探求集体林权流转制度变迁的特征、动因，进而总结出集体林权流转制度变迁的趋势和发展方向。

第三，分析集体林权流转制度的现状及存在的问题。通过探析广东省集体林权制度安排和流转现状，总结出当前集体林权制度改革中集体林权流转的特点及存在的问题。

第四，建立集体林权流转制度体系分析框架。在研究集体林权流转制度结构理论基础上，建立集体林权流转制度体系框架，包括产权制度、核心制度和配套制度三部分。其中产权制度是基础；核心制度包括交易制度、价格制度和利益分配制度，是整个集体林权流转制度体系中最主要的部分；配套制度是保障。

第五，探寻集体林权产权制度改革难题的解决之道。一方面，针对集体林权产权制度中存在的集体所有性质、权能、主体、物权变动模式等方面的理论难题，研究解决思路。另一方面，对于是否选择家庭承包经营作为"明晰产权"的唯一方式，给予回答。

第六，构建集体林权流转交易制度。首先，对比公开流转和私下流转的绩效差别，并作出选择。其次，分析集体林权流转交易制度构成，并在此基础上探讨集体林权流转交易制度的缺陷及其完善措施。

第七，构建集体林权流转价格制度。首先，从林地流转和活立木流转两个角度分别建立价格理论、价格体系和基本价格公式。其次，通过分析当前集体林权流转价格制度主要存在的问题，提出完善集体林权流转价格制度的基本思路。

第八，构建集体林权流转利益分配制度。首先，探讨集体林权流转中主要存在的政府、生产经营者、农民集体与林农、生态受益者等主体之间的利益冲突。其次，针对不同的利益冲突，提出化解思路。

第九，完善集体林权流转配套制度。针对集体林权流转领域存在的林权纠纷、林业保险、专业合作社、征地制度等配套制度问题，提出科学合理的解决思路。

1.3 基本概念辨析

对于任何一项科学研究而言，概念界定不可或缺。概念界定有助于对以往研究中尚未取得共识性的概念予以明确，从而为本书研究的开展提供基础。基于本书研究的需要，对以下概念予以界定。

1.3.1 林地、林木、森林、森林资源

文义是法律解释的起点，也是法律解释的终点（王泽鉴，2001）。

1.3.1.1 通常文义上的理解

（1）林地。在《新华字典》中将"林地"解释为"木本植物覆盖的土地"。《辞海》未对"林地"作出界定。《金山词霸》将"林地"界定为"成片的天然林、次生林和人工林覆盖的土地。包括用材林、经济林、薪炭林和防护林等各种林木的成林、幼林和苗圃等所占用的土地，不包括农业生产中的果园、桑园和茶园等的占地"。

（2）林木。在《新华字典》中林木的意思是"生长在树林中的树"。《辞海》则把"林木"界定为"生长在林分中的树木。同孤立木相对。树干比较通直、高大"。《金山词霸》中认为，"林木，词语本意是树林、树木之意"。

（3）森林。在《新华字典》中将"森林"定义为"大片生长的树木"。《辞海》将"森林"界定为："或疏或密相互连接的树木和其他木本植物占优势的植物群落与其他生物（包括微生物、动物、鸟类、昆虫等）及其环境构成的一个有机整体。"《金山词霸》从技术标准角度将"森林"定义为："一个高密度树木的区域，由树木为主体所组成的地表生物群落，土地面积大于或等于0.0667公顷（1亩），郁闭度大于或等于0.2，就地生长高度达到2米以上（含2米）的以树木为主体的生物群落，包括天然与人工幼林，符合这一标准的竹林，以及特别规定的灌木林，行数在2行以上（含2行）且行

距小于或等于 4 米或冠幅投影宽度在 10 米以上的林带。"韩德培先生主编的《环境保护法教程》认为，森林"指由比较密集生长在一起的乔木及其他木本植物占优势的植物群落"（韩德培，2003）。从生态学的观点看，森林是指在一定范围内以植物为主体的一个生态群落，包括树木、林地以及栖息于其中的动物、微生物等（曹明德、黄锡生，2004）。《全英大百科全书》中"森林"的定义为：一个在 5000～8000 公顷宽的区域内能够自给自足的完整的生态系统。

（4）森林资源。在《新华字典》中未查到相关解释。通常认为，"森林资源"是"森林"与"资源"概念的有机叠加。《辞海》将其界定为："林木、竹子和其他林产品蕴藏的总称。广义的森林资源包括林区内各类土地以及这些土地上的全部生物资源和非生物资源。"《金山词霸》中指出："森林资源是林地及其所生长的森林有机体的总称。这里以林木资源为主，还包括林中和林下植物、野生动物、土壤微生物及其他自然环境因子等资源。"日本《林业百科事典》将"森林资源"解释为："森林资源和土地、地下资源、水产资源、水资源等都属于天然资源。森林资源不同于其他天然资源的特征有三条：第一，……森林资源可以通过适当管理达到永续利用，是一种可以再生的资源；第二，……自然力在再生产中作用很大，生长时间长达几十年或者更长时间；第三，反映在森林资源的效用上，森林作为林产资源，可以直接利用其林产品。"《苏联林业经济学》对"森林资源"的解释为："森林资源，作为经营活动的对象，是指已被森林占据和按规定程序划归林业经营，指定造林，发挥森林多种效益的地域。"（胡嘉滨，2003）

综上，"林地"与"林木"是相对应的概念。"林地"是生长林木的土地，而"林木"指生长在林地上树林中的树，区别于孤立的树。"森林"的含义有两种：一是指大片生长的林木，即应当具备一定面积、郁闭度和高度等条件的林木群落，不包括林地，且并非所有的林木都是森林；二是指植物群落与其他生物及其环境构成的有机整体，也包括林地，但同样强调并非所有的林木都是森林。"森林资源”是与森林有关、以林木资源为主、包括林地资源的资源复合体。

1.3.1.2　现行法律体系中的界定

1. 林地

《森林法实施条例》（以下简称《实施条例》）第二条中规定，"林地包括郁闭度0.2以上的乔木林地以及驻林地、灌木林地、疏林地、采伐迹地、火烧迹地、未成林造林地、苗圃地和县级以上人民政府的宜林地"。《实施条例》第三条至第八条规定了林地登记发证制度、变更登记管理办法、权属管理档案制度等。《土地管理法》第四条规定："国家实行土地用途管制制度。国家编制土地利用总体规划，规定土地用途，将土地分为农用地、建设用地和未利用地。……农用地是指直接用于农业生产的土地，包括耕地、林地、草地、农田水利用地、养殖水面等。"在《现有林业统计年鉴》中，"林地"也被称为林业用地，具体包括有林地、疏林地、灌木林地、未成林造林地、苗圃地、无林地等。按统计年鉴对林地面积的计量，其分类系统见表1-1。

表1-1　林地分类系统

总类	分类一	分类二
林业用地（林地）	有林地	乔木
		经济林
		竹林
	疏林地	
	灌木林地	国家特别规定灌木林
		其他灌木林
	未成林造林地	人工造林未成林
		封育未成林
	苗圃地	
	无林地	宜林荒山荒地
		采伐迹地
		火烧迹地
		宜林沙荒地

其中，有林地是指生长着各种不同性质的乔木林、竹林及经济林的土地，是森林资源中的主要组成部分；无林地是宜林地中的一个类别，即由于采伐或其他原因所造成的空旷而暂时又没有生长出树林的土地。因此，在现有立法中，"林地"被界定为"用于经营林业的土地，是林木存续的物质基础和载体，是森林资源经济活动得以进行的基本条件，是不可缺少和不能再生的生产要素和经济资源"。作为经济资源，林地不仅可用作林业生产活动，也可作为商品进行流通，使得相关主体从中获得收益。总之，《森林法》及其《实施条例》适用于所有的林业规划用地。

2. 林木

《实施条例》第二条规定，"林木，包括树木和竹子"。从自然生长过程而言，林木附着于林地，林木质量取决于所存系林地的地理等条件。与"林木"相关的概念包括林种、树种、林龄。以林种而言，林木可分为商品林和公益林，前者包括用材林、经济林等。以树种而言，可将林木分为乔木、灌木、竹林等。在我国南方集体林区，根据存在形式的不同，林木可分为活立木（或称为立木）、活立竹、原木和原竹。活立木与原木的差别在于：原木系在活立木基础上，通过采伐和运输两个生产环节后获得的林木。《森林法》第27条规定："国有企业事业单位、机关、团体、部队营造的林木，由营造单位经营并按照国家规定支配林木收益。集体所有制单位营造的林木，归该单位所有。农村居民在房前屋后、自留地、自留山种植的林木，归个人所有。城镇居民和职工在自有房屋的庭院内种植的林木，归个人所有。"从中可以看出，国有单位、集体单位、农村居民和城镇居民所种的林木也属于《森林法》的调整对象，但这些林木很多并未种植在林业规划用地上。因此，现有立法不仅调整已成林的树木或竹子，而且调整未成林甚至孤立的树木或竹子；既规范了林业用地上的林木，也规范了非林业用地上的林木。换句话说，所有的树木或竹子都是《森林法》的调整对象。

3. 森林

国外及我国台湾地区立法中关于森林的界定。法律用语上的"森林",因其往往成为权利义务指向的对象而更注重范围的特定性。例如,《印度尼西亚林业基本法》第 1 条第 1 款规定:"森林是指任何林木所覆盖的成片土地,并与其环境构成整个有生命的天然群落,经政府确定为'森林'者。"《联邦德国林业法》第 2 条规定:"本法将森林定义为每块有林业植物的地产。业经间伐的或透光的地产、林道、森林区划带和保险带,林中空地和疏林,森林草地、野生动物饲料地,森林林场以及其他和森林有关的为森林服务的面积均为森林。"我国台湾地区的森林法规定:"森林系指林地及其群生竹木之总和。"联合国粮农组织(AFO)将"森林"定义为:"凡生长着以任何大小林木为主体的植物群落,不论采伐与否,具有生长木材或其他林产品的能力,并能影响气候和水文状况,或能庇护家畜和野兽的土地,称为森林。"鉴于此,森林在广义上可界定为:"陆地上的树木和其他生物在一起,按照一定的方式和秩序,与周围的非生物环境有机地结合在一起,共同发生着多种功能的生态系统。"上述森林定义的共同点是:森林不仅仅由林木组成,而是由土地、植物、动物组成的有机整体。

国内立法对森林含义存在不同的规定,主要有以下几种理解。其一,森林仅指乔木林和竹林,排除了灌木林等其他林种。《实施条例》第二条规定:"森林,包括乔木林和竹林。"其二,森林与林木、林地不同,是一类特殊的林木。在《森林法》中,出现了多处森林与林木、林地并列的条款。第三条规定:"国家所有的和集体所有的森林、林木和林地……"在《国家林业局关于实行全国统一林权证式样的通知(林资发〔2000〕159 号)》所确定的全国统一的林权证中,"森林或林木所有权权利人"和"森林或林木使用权权利人"是两项重要的登记内容,且与"林地所有权权利人"和"林地使用权权利人"相对应。其三,森林包括所有林木。《森林法》第四条规定:"森林按用途分为以下五类:防护林、用材林、经济林、薪炭林和特种用途林。"《实施条例》第 24 条规定："森林覆盖率，是指以行政区域为单位森林面积与土地面积的百分比。森林面积，包括郁闭度 0.2 以上的乔木林地面积和竹林地面积、国家特别规定的灌木林地面积、农田林网以及村旁、路旁、水旁、宅旁林木的覆盖面积。"其四，森林就是一种资源。《宪法》第九条规定："矿藏、水流、森林、山岭、草原、荒地、滩涂等自然资源，都属于国家所有，即全民所有；由法律规定属于集体所有的森林和山岭、草原、荒地、滩涂除外。"

综上，与域外立法有所不同，我国立法中的森林含义范围有四个层次。最狭小的含义：森林仅指乔木林和竹林；较狭小的含义：森林是一类特殊的林木，区别于一般林木；较广的含义：森林包括所有林木，但不包括林地；最广的含义：森林就是森林资源，包括森林本身、野生动物、野生植物和野生微生物等。

4. 森林资源

与国外立法类似，我国《宪法》《物权法》等法律认定森林就是包括林地在内的一种资源。目前，国内立法对森林资源直接界定的法规仅有《实施条例》，其第二条明确规定："森林资源，包括森林、林木、林地以及依托森林、林木、林地生存的野生动物、植物和微生物。"该定义有以下含义：第一，森林作为一种特殊林木仅是森林资源的一类；第二，野生动物、植物和微生物虽然是其他特别法律调整的对象，但当它们与特定的森林、林木、林地结合并共同形成森林生态环境时，也当属森林资源的范畴；第三，森林资源在外延上涵盖了森林、林木、林地，是三者的上位概念（林旭霞、张冬梅，2008）。

1.3.1.3　现行立法中概念的重塑

1. 概念冲突引发的问题

《森林法》及其《实施条例》是调整林地、林木概念的专门性法律法规，但其中涉及的林地、林木、森林、森林资源等概念存在着诸多问题。

首先,立法中相关概念关系混乱。从上文分析可知,森林与森林资源、林地、林木等概念关系不清晰。森林有时候就是指森林资源,有时候又属于森林资源的一部分;森林有时候包括林地,有时候又不包括林地;森林有时候是指所有林木,有时候却只是指部分林木。

其次,不同法律中的概念与《宪法》《物权法》等法律中的界定相冲突。《宪法》第九条规定,森林等自然资源,不是属于国家所有,就是属于集体所有。《实施条例》第二条明确规定:"森林资源,包括森林、林木、林地以及依托森林、林木、林地生存的野生动物、植物和微生物。"这就意味着:不仅仅森林,所有林地、林木皆是森林资源。那么,所有林地、林木都应当属于国家或者集体所有,而事实上,非国家所有或集体所有的林木大量存在。

再次,立法中的概念界定与实践相脱节。尽管《森林法》及其《实施条例》中关于林地、林木、森林等概念存在着多种不同释义,但在实际操作层面上,森林往往只被当作林木的一种特殊情形,这也与通常的文义理解一致,如《林木和林地权属登记管理办法》(国家林业局 2000 年 1 号令)、《林木林地权属争议处理办法》(林业部 1996 年 10 号令)、《国家林业局关于实行全国统一林权证式样的通知》(林资发〔2000〕159 号)等操作性的部门规章或政策文件都有所体现。

2. 概念冲突的原因

首先,《森林法》名称本身与其调整范围的冲突。从应然状态和《森林法》条款内容来看,《森林法》的调整范围应当为各类林业用地和所有林木(包括孤立木)。而"森林"本身,无论是从通常文义角度还是从技术标准角度来看,"森林"主要指具备面积、郁闭度和高度等条件的林木群落,不包括林地和一般林木。因此,通常意义上的"森林"含义难以满足《森林法》实际调整范围的需要,在《森林法》及其《实施条例》中,为了满足不同条款的需要,"森林"便被解释成几种不同的相互矛盾的含义。而且,为了条款间的协调和操作方便,《实施条例》把森林资源作为森林、林木、林地等三者的上位概念，而这恰恰又造成了与《宪法》《物权法》等法律中的相关概念的冲突。

其次，过于强调概念的技术界定。例如，《实施条例》第二条规定："森林，包括乔木林和竹林。林木，包括树木和竹子。林地，包括郁闭度0.2以上的乔木林地以及竹林地、灌木林地、疏林地、采伐迹地、火烧迹地、未成林造林地、苗圃地和县级以上人民政府规划的宜林地。"以上概念的界定对于《森林法》的实施具有重要意义，但是存在着两个问题：其一，从技术角度界定有时候意义不大，如上述的"林地"概念，"郁闭度0.2以上"完全可以不写，郁闭度小于0.2甚至无林的林业用地都属于"林地"；其二，与立法目的脱节，甚至带来负面作用，如指出森林包括乔木林和竹林，不仅无助于解决《森林法》的调整范围问题，而且更加引起理解上的混乱。

再次，缺少与法律体系中相关概念的互动。《森林法》及其《实施条例》中所涉及的关键概念，一方面未能促进《森林法》及其《实施条例》在法律体系中的合理定位；另一方面未能与《宪法》等国家法律很好地衔接。其中的根本原因在于我国的部门立法体制存在着局限性。长期以来，我国的立法基本上都是相关职能部门草拟初稿，再由全国人大常委会审议，虽然该体制立法成本很低、效率很高，但同时也存在着法律法规缺少职能部门与法律专业人员的充分沟通互动。因此，必然造成立法质量不高、法与法之间矛盾冲突的问题。

3. 完善建议

为解决上述问题，必须要在《森林法》中重构四个概念，完善的思路主要有两条。其一，借鉴域外立法，在法条中明确扩大"森林"的含义；其二，继续保持通常意义上的"森林"含义，而以"林地林木"取而代之，《森林法》也更名为"林地林木法"。笔者主张按照第二条思路，原因如下。

一方面，扩大法律条文中"森林"的含义有两大弊端。第一，如果"森林"的含义扩大，则必须首先调整《宪法》《物权法》

等上位法律，因为上位法中的"森林"也是一种狭义的理解，主要从资源角度明确了其权属，并不包括非森林的林木和林地。因此，对上位法进行调整的成本无疑过大，立法操作性较弱。第二，无论是从通常文义理解上，还是技术标准上，"森林"已被理解成需要符合一定技术标准的林木，而且已被大多数人所接受。因此，扩大"森林"含义的做法不利于法律法规的实际应用。

另一方面，以"林地林木"取代"森林"、《森林法》更名为"林地林木法"的做法更符合实际。事实上，在实际工作中，森林往往只是被当作一种特殊的林木，这可以由《林木和林地权属登记管理办法》（国家林业局 2000 年 1 号令）、《国家林业局关于实行全国统一林权证式样的通知》（林资发〔2000〕159 号）等操作性的部门规章或政策文件体现出来。

因此，在修改法律时，应当进行如下调整。①《森林法》更名为"林地林木法"。②"林地"界定为林业规划用地。③"林木"是指生长在土地上的树木或竹子，包括孤立木（竹）。④淡化森林和森林资源两个概念，如果界定，要注意与上位法的衔接，不仅具备面积、郁闭度和高度等技术条件，而且更要突出法律权属特性，避免出现私权利和公权利的冲突问题。⑤在《宪法》《物权法》等法律中，改变"森林资源不是属于国家所有，就是属于集体所有"的提法，以适应社会经济发展的需要。《森林法》制定时，我国森林资源主要以国有和集体所有为主。计划经济体制下，我国法律制度轻民事权利重行政管理，这种体制影响下的《森林法》，把国家作为森林资源的守护神，强调对森林资源的严格管制，忽视了单位及个人的林权，以通过权利人自身的主动性来实现森林资源的合理利用（杜国明，2012）。

1.3.2 林权

1.3.2.1 法律法规和实际工作中的林权

1. 法律法规中未出现"林权"一词，也未对"林权"进行界定

我国目前尚无任何一部法律法规完整、明确地界定林权的内

涵、外延。与林权直接相关的条款主要有以下几条。①《森林法》第 3 条第 3 款规定："森林资源属于国家所有，由法律规定属于集体所有的除外。森林、林木、林地的所有者和使用者的合法权益，受法律保护，任何单位和个人不得侵犯。"②《森林法实施条例》第 3 条规定："国家依法实行森林、林木和林地登记发证制度。依法登记的森林、林木和林地所有权、使用权受法律保护，任何单位和个人不得侵犯。森林、林木和林地的权属式样由国务院林业主管部门规定。"③《森林法实施条例》第 15 条规定："用材林、经济林和薪炭林的经营者依法享有经营权、收益权和其他合法权益。防护林和特种林的经营者有获取森林生态补偿的权利。"这是我国现行法律法规中与"林"有关的权利归属和利益分配的最直接的依据，许多学者探讨林权的问题时，都以此为法律依据。由这些法律条文可见，《森林法》仅对森林资源以及森林、林木、林地的权属作了原则性规定，森林、林木、林地的所有者和使用者的合法权益似乎就属于林权，但却未言明。《森林法实施条例》第 15 条中"经营权""收益权""补偿权"等其他合法权益究竟是否就是林权，还是林权的一部分，或者是林权的表现形式？以上问题法律条文中均未给出明确答案。而且，这几种权利均指向"林"，既未涉及"地"也不包含"资源"。

2. 部门规章中出现"林权"一词，且对"林权"进行界定

从我国现行立法来看，"林权"一词首先出现在国家林业部 1996 年颁布的《林木林地权属争议处理办法》①，该法第 2 条规定："本办法所称林木、林地权属争议，是指因森林、林木、林地所有权或者使用权的归属而产生的争议。处理森林、林木、林地的所有权或者使用权争议（以下简称林权争议），必须遵守本办法。"国家林业局 2000 年颁布实施的《林木和林地权属登记管理办法》第

---

① 1998 年 3 月 10 日九届全国人大一次会议通过的《关于国务院机构改革的决定》撤销林业部，改组为国家林业局，列入国务院直属机构序列。

1 条规定："为了规范森林、林木和林地的所有权或者使用权（以下简称林权）登记工作，《中华人民共和国森林法》及其实施条例规定，制定本办法。"基于上述两部规章的规定，笔者认为，作为法律条款里的林权概念，是林木、林地权属的简称，是权利主体依法享有的对森林、林木和林地的所有权或使用权。

3. 规范性文件中出现"林权"一词，但未界定"林权"的含义

2003 年国务院出台了《中共中央、国务院关于加快林业发展的决定》，该文件对于近年来推动我国林业跨越式发展起到了重要作用。该文件多次提到了"林权"，指出"要依法严格保护林权所有者的财产权，维护其合法权益。对权属明确并已核发林权证的，要切实维护林权证的法律效力；对权属明确尚未核发林权证的，要尽快核发，对权属不清或有争议的，要抓紧明晰或调处，并尽快核发权属证明。退耕土地还林后，要依法及时办理相关手续"。2008 年全面启动集体林权改革的《中共中央、国务院关于全面推进集体林权制度改革的意见》正式实施，该文件不仅标题中直接使用了"林权"一词，而且文件中多次提到了"明晰产权""集体林地所有权""林地承包经营权""放活经营权""落实处置权"和"保障收益权"等与林权概念与内容密切相关的词语。但遗憾的是，上述两个文件并未明晰林权的含义。

4. 实践中"林权"的含义基本稳定

在集体林权改革等实践中，林权已按照《林木和林地权属登记管理办法》（国家林业局 2000 年 1 号令）和《林木林地权属争议处理办法》（林业部 1996 年 10 号令）等部门规章被界定为对森林、林木和林地的所有权或使用权，这在《国家林业局关于实行全国统一林权证式样的通知》（林资发〔2000〕159 号）中得到了直接体现。但是，在一些地方性文件中也有不同规定，如《丽水市森林资源资产抵押贷款管理暂行办法》第 5 条规定：林权是指"森林林木的所有权或使用权和林地使用权"。事实上，该办法把"林地所有权"排除在"林权"之外。

1.3.2.2 理论学说中的林权

尽管实践中已基本明确了林权的含义，但由于在法律法规中存在着概念模糊问题，这就导致目前学术界对林权的定义众说纷纭，莫衷一是。

1. 经济学中的林权概念

在经济学上"林权"一般是"林业产权"的简称。德姆塞茨（Denlsetz，1967）认为："产权是一种社会工具，其重要性就在于事实上他们能够帮助一个人形成他与其他人进行交易的合理预期。"我国学者丁建中（1994）认为，"产权，广义地说就是财产权利，并表现为静态产权和动态产权。"著名的产权经济学家配杰威齐（pejovich，1990）认为："产权是因为存在稀缺物品和其特定用途而引起的人们之间相互关系中，所有的人都必须遵守这些规范的与物相对应的行为准则，或承担不遵守这种准则的成本。"根据产权经济学原理，林权应该具有可交换性和排他性的属性。通常，"产权"被界定为所有权、占有权、支配权和使用权，即"四权"，指产权主体对客体拥有的不同权能和责任，以及由它们形成的主体利益关系。林权包括林地产权和林木产权。林地产权是以林地为客体，以国家、集体、自然人、法人等为主体的一种产权形式，包括林地所有权、使用权、收益权、经营权、处置权和转让权。林木产权是特定林地上的林木资源的所有权、使用权、经营权、收益权和处置权。

2. 法学理论中的林权概念

有学者认为，林权是指森林、林木、林地的所有权和使用权（曹明德、黄锡生，2004）。这一定义与法律条款里对"林权"的界定基本一致。有的学者依据《森林法》第3条，从权利主体角度认为林权就是森林、林木、林地的所有者和使用者的合法权益（韦贵红，2008）。也有学者认为，林权是指森林、林木、林地等森林资源的所有权和使用权（周训芳等，2004；孟明浩，2006）。这一界定与法律意义上的林权概念联系紧密，但扩大了林权客体的范围。有学者认为，林权是指森林资源物权（周珂，2008），即森林资源的所有权和使用权，森林资源包括了林地、林木以及依托林地、林木生存的植物和微生物（聂影等，2008）。有学者认为，林权是林业政策的核心，林权是人们对森林资产的权利，从纵向分析，它包括林业资产所有权及其派生的使用权（经营权）、收益权和处分权；从横向讲，它包括森林、林木的采伐利用权，林上、林中、林下资源的采集利用权，森林景观的开发利用权、补偿权、收益权、流转权、抵押权、担保权和品种权，等等。这一定义虽然指出了林权的具体表现形式，但没有揭示林权权能的实质，没有正确认识到森林资源、森林、林木以及林地等概念之间的内在关系，对林权体系的界定混乱。还有学者提出，林权是指国家、集体、自然人、法人或者其他组织对森林、林木和林地依法享有的占有、使用、收益或者处分的权利，包括森林、林木和林地所有权，森林、林木和林地使用权与林地承包经营权等财产性权利（刘宏明，2004）。有的学者从《农村土地承包法》第2条的规定中推断出："林权"即"林地承包经营权"，亦即林权是对"林地"的权利（林旭霞、张冬梅，2008）。也有学者认为，林权是以森林资源所有权为基础，以对特定的森林资源的使用、收益为目的的他物权，在立法和理论上可以将林权与水权、矿业权、渔业权等并列为同一位阶的用益物权（李延荣、周珂，2008）。还有学者认为，抵押权不应纳入林权之列，设定抵押是林权人行使收益权和处分权的方式，一旦设定，对林权人而言不是权利，而是义务，抵押权人享有的是以林权为客体的抵押权而不是林权本身（曹祖涛，2006）。

3. 工具书中的林权概念

《辞海》认为林权"包括林地所有权、经营权和林木所有权"。《法学大词典》定义的林权是指：对森林、林木、林地占有、使用和处分的权利。《中国可持续发展林业战略研究·保障卷》指出，林权就是有关森林资源以及森林、林木和林地的所有权和使用权，具体包括采伐利用权，林中、下资源的采用权，担保抵押权，景观

开发利用权，品种权等权利（刘先明，2004）。因此，工具书中的
林权定义也存在着较大差异。

1.3.2.3 林权概念的争议及评析

学者们或实际工作者从不同角度来认识林权，因而难免出现
诸多的不同观点。笔者认为，要得出科学的林权定义，首先应当
综合分析并借鉴现行立法及学术界有关林权的各种定义，并深入
分析各种林权定义中存在的客体、性质、表现形式等主要争议问
题。

1. 林权的客体

任何一项民事权利都要指向一定的对象，即客体。如果没有客
体，民事权利就失去了存在的基础，林权也不例外，林权的客体就
是林权权利人的权利所指向的对象。目前关于林权客体范围的观点
主要有三类。其一，把森林、林木和林地作为林权客体。这主要体
现在《林木和林地权属登记管理办法》和《林木林地权属争议处
理办法》等具有操作性的部门规章及文件之中，同时也被部分学
者接受。其二，把森林资源列入林权客体。这种观点被一些学者所
认可，但对于森林资源的范围有分歧，有的认为森林资源是包括森
林、林木、林地以及依托森林、林木、林地生存的野生动物、植物
和微生物，有的则认为森林资源只是森林、林木和林地之外的野生
动物、植物和微生物等资源，还有学者认为作为林权客体的森林资
源不包括野生动物。其三，认为森林资产是林权客体。这种观点主
要来自一些经济学学者。笔者比较认可第一种观点，但又有区别，
认为林权客体是林地和林木，主要基于以下理由。

第一，把森林资产作为林权客体不具操作性。首先，"把森林
资产作为林权客体"的做法只是经济学的学理研究。在经济学上，
林权一般是"林业产权"的简称，产权被界定为所有权、占有权、
支配权和使用权，即"四权"，林权包括林地产权和林木产权。其
次，会造成实践中的认识混乱。经济学的理论研究与法规政策的确
定性之间有差异，我国的很多法规政策文件常常忽视了这种差别，

即使在2008年出台的《中共中央、国务院关于全面推进集体林权制度改革的意见》中，也把法律意义上的"集体林地所有权"和"林地承包经营权"与经济学意义上或者作为权利部分权能的"产权""经营权""处置权"和"收益权"等混为一谈，从而造成实践理解上的混乱。

第二，把森林资源作为林权客体不合适。首先，会造成法律体系内部新的冲突。由上文可知，目前我国《宪法》《物权法》《森林法》及《森林法实施条例》等法律法规缺乏对森林资源的准确界定，且存在着相互矛盾之处。因此，在立法明确界定相关概念之前，将"森林资源"作为林权客体不仅会造成法律体系内部的不协调，还会造成林权行使的困难（刘宏明，2004）。其次，实践中并未将森林资源作为林权客体。《林木和林地权属登记管理办法》和《林木林地权属争议处理办法》等具有操作性的部门规章将林权定义为有关森林、林木或者林地的权利，而没有提及森林资源。作为我国目前确认林权的唯一合法凭证的林权证在记载林权主体时，只包括森林、林木或者林地的所有权权利人和使用权权利人事项，并无森林资源所有权权利人事项。林权证只能确认其已记载的事项的效力，对其没有记载的事项不能确认。

第三，宜把林权客体确定为林地和林木。首先，森林与林木、林地并列是立法中的错误。由上文可知，目前我国法律体系缺乏对森林的准确界定，且存在着相互矛盾之处。《森林法》为解决其调整范围与名称之间的冲突，在法律条款中针对不同需要，把森林界定为四种相互矛盾的含义。其次，实践中，森林往往只是被当作一种特殊的林木。这可以由《林木和林地权属登记管理办法》（国家林业局2000年1号令）、《国家林业局关于实行全国统一林权证式样的通知》（林资发〔2000〕159号）等操作性的部门规章或政策文件得到体现。

2. 林权的主体

林权主体就是根据法律规定或者合同约定，依法享有林权的权利人。作为林权的享有者和构成要素之一，林权主体必须明确，否则，林权归属就无从谈起，林权也就无法称其为权利了。目前，学界认识也较混乱。法律法规及实践中对林权主体的认识主要有以下几种类型。其一，从森林或森林资源角度，认为对森林（资源）享有林权的主体是国家或集体。这主要见于《宪法》《民法通则》和《物权法》等重要法律之中的原则性条款。例如，《宪法》第9条规定："矿藏、水流、森林、山岭、草原、荒地、滩涂等自然资源，都是属于国家所有，即全民所有；由法律规定属于集体所有的森林和山岭、草原、荒地、滩涂除外。"其二，从土地的角度，规范了土地承包权的主体，主要见于《物权法》《土地管理法》和《农村土地承包法》等法律之中。例如，《土地管理法》第15条第1款规定："包括林地在内的国有土地和农民集体所有的土地可以由单位或者个人承包经营，从事种植业、林业、畜牧业、渔业生产。"其三，《森林法》及《森林法实施条例》等专门性法律法规对林权主体的规定。例如，《森林法》第3条第2款规定："国家所有的和集体所有的森林、林木和林地，个人所有的林木和使用的林地，由县级以上地方人民政府登记造册，发放证书，确认所有权或者使用权。"显然，《森林法》只把"国家""农民集体"和"个人"列为林权主体，却忽视了非公有制的公司、企业等主体成为林权主体的可能性。其四，实践中，不仅"国家""农民集体""家庭"和"个人"可以成为林权主体，而且还出现了"联户""合伙""专业合作社""农村集体经济组织"以及非公有制的公司、企业等林权主体。

由上可见，我国现有法律对林权主体的规定不统一，而且还有漏洞。因此，应当重新规范《森林法》等专门性法律。笔者认为，林权主体宜界定为国家、集体、单位（包括集体之外的法人或者其他组织）和个人，代替现在的多种称谓。其理由如下。首先，国家、集体作为权利主体的现实在我国已经长期存在，并由我国的所有制所决定，是符合我国国情的；其次，除农村集体之外的法人

集体林权流转制度研究

或者其他组织等单位也已成为林权的主体。因此，根据林权主体的不同，林权也可分为国有林权、集体林权、单位（包括集体之外的法人或者其他组织）林权和个人林权四类。

3. 林权的表现形式

林权是一项复合权利，已被理论界和实务界普遍接受。但作为复合型权利，林权究竟由哪些权利组成，或者说林权的表现形式有哪些，目前还存在着较大分歧。代表性的观点有以下几类。其一，认为林权是由林地的所有权和使用权以及林木的所有权和使用权四项权利组成。此观点被大多数学者所认可，也在《林木和林地权属登记管理办法》《国家林业局关于实行全国统一林权证式样的通知》等操作性的部门规章或政策文件得到体现。其二，《辞海》将林权界定为林地所有权、经营权和林木所有权等三项权利，未包括林木使用权。其三，将林权界定为林木的所有权和使用权和林地使用权等三项权利，未包括林地所有权，如《丽水市森林资源资产抵押贷款管理暂行办法》第 5 条的规定。其四，认为林权是由林地的所有权和使用权以及林木的所有权和担保物权四项权利组成（韦贵红，2008）。其五，认为林权由林地使用权、林木经营权和森林环境经营权等三项权利组成。其中，林木经营权用来替代林木使用权和林地使用权（陈远树，2005）。其六，罗列出林权各种实际存在的形态，如有学者认为，林权包括森林、林木的采伐利用权，林上、林中、林下资源的采集利用权，森林景观的开发利用权、补偿权、收益权、流转权、抵押权、担保权和品种权，等等（陈根长，2003）。

笔者认为，作为一种复合型权利，林权主要有林地所有权、使用权和林木所有权等三项基本权利，并同时存在综合性林权。综合性林权是笔者提出的概念，综合性林权是指不能单独归类为林地使用权、林木所有权或者林木使用权，而是常常综合了三种权利的一种复合型权利。笔者支持以上观点的理由有三。第一，林地所有权不可缺少。林地所有权是林权的基础，林地使用权由其权能分离而

022

来，林木生长于林地之上，林木所有权以林地所有权为基础。虽然在我国林地所有权只属于国家或者集体，流转发生率很低，但不能因此就把林地所有权排除在林权之外。第二，林木使用权不适宜作为林权的一种形式。一方面，基于我国土地资源的公有制，为了盘活土地资源，土地使用权从所有权中分离出来，而林木本身就存在多种所有制形式，没必要把林木使用权与林木所有权相分离，尽管实践中存在林木所有权与使用权分离的情况，如在自然保护区内向农民租的林木，所有权属于农民，而使用权属于自然保护区，但此类情况较少，实践意义不大。另一方面，即使保留林木使用权，但这种权利也是一种债权，而通过物权的公示方法——登记来确认，也必然会带来理解上的混乱和实践操作成本的增加。第三，要区分林权基本表现形式与内在权能和综合性权利、衍生性权利的关系。例如，补偿权、收益权、采伐利用权、资源采集利用权等实际上是林权的部分权能，景观开发利用权、林下种养权等则是综合性林权，而抵押权则是由三种基本林权或综合性林权演化而来的衍生性权利，实质上仍然是三种基本林权或综合性林权。因此，在法规政策中不宜把林权表现形式及其内在权能、综合性权利和衍生性权利等混在一起。

4. 林权的性质

目前，学界基本上都认为林权是一种物权，尚未发现有不同看法。物权，是指权利人依法对特定的物享有直接支配和排他性的权利[①]。王泽鉴先生（2001）认为，物权所具有直接支配物及排他保护的绝对性，是来自于物之归属功能，即法律将特定物归属于某个特定的权利主体，由其直接支配并享有利益，排除他人干涉，此为物权之本质所在。温世扬教授（2005）认为物权的定义应坚持对物关系说，即物权为民事主体依法直接支配某物而享受其利益的权利。王利明教授（2003）认为物权是指公民、法人依法享有的直

---

① 参见《物权法》第 2 条第 2 款。

接支配特定物并对抗第三人的财产权利。从上述定义可以看出物权具备三大基本特性：法定性、支配性、排他性。依通说，物权分为自物权和他物权。自物权即所有权，是指所有人对其所有物占有、使用、收益和处分的权利。他物权是非所有人对其行使的物权，包括用益物权和担保物权两种。对于林权的物权属性，主要有几种观点。其一，认为林权就是物权，包含了所有权、用益物权和担保物权。其二，认为林权只包含所有权和用益物权，不包括担保物权。其三，认为林权只是一种用益物权。

据笔者研究，现有文献把林权仅定位为是物权缺少必要的论证，往往论证前已经主观上确定了林权的物权属性。笔者认为，确定林权的性质应当从林地所有权、林地使用权、林木所有权和林木使用权等林权不同的表现形式来分别分析论证。

第一，林地所有权和林木所有权是物权。林地所有权和林木所有权分别是针对林地和林木所拥有的所有权，很显然这两项权利是属于自物权。

第二，对林地使用权的物权性质存在争议。目前，我国林地使用权主要有两种形态：一是林地承包经营权，二是林地承包经营权之外的林地使用权。依据《物权法》的规定，土地承包经营权属于用益物权，那么，作为土地承包经营权的一种，林地承包经营权就是一种用益物权。而现有法律对林地承包经营权之外的林地使用权是否属于物权并没有明确规定，依据"物权法定"原则，只能说此类林地使用权在法律上并未明确被界定为用益物权。当然，一些学者也主张把包括林地在内的所有农地使用权确定为用益物权。在梁慧星教授主编的物权法草案中并没有使用承包经营权这一概念，而使用的是农地使用权。农地使用权的标的物范围，不限于集体所有的农用土地。尽管集体所有的土地与国家所有的土地在所有者身份上有所不同，但其土地所有人与农地使用人之间的权利义务关系应当一样，所以，作为在农业用地上设立的一种用益物权，农地使用权并不因为土地所有制上的区别而有物权法上的不同，林地使用权则应为农地使用权的一种。农用地使用权的标的包括一切农用地，包括森林、山岭、草原、荒地、滩涂、水面等。本书也认同对林地承包经营权之外的林地使用权实施物权保护，以利于林地资源的有效利用。

第三，林木使用权是一种债权。依据"物权法定"原则，把林木使用权确定为物权缺乏法律依据。另外，把林木使用权从林木所有权中分离出来的实践意义不大，流转过程中林木使用权主要还是依附于林木所有权，没必要通过物权方法予以保护。

第四，林地或林木抵押权是一种担保物权。有学者认为，抵押权不应纳入林权之列，设定抵押是林权人行使收益权和处分权的方式，一旦设定，对林权人而言不是权利，而是义务，抵押权人享有的是以林权为客体的抵押权而不是林权本身（曹祖涛，2006）。事实上，林地或林木抵押权是林权的一种衍生权利。设定林地或林木抵押权固然是对原有林权人行使林权的限制，但抵押权的权利主体并非原有林权主体，而是银行等金融机构，是这些金融机构对林地或林木享有的附条件的处分权，这就是一种林权。

综上，笔者认为，就目前林权的四种表现形式而言，林地所有权和林木所有权是物权，林木使用权是债权，林地使用权中的林地承包经营权是物权，而其他林地使用权也应当属于物权。因此，林权并非纯粹的物权。

5. 林权的内容

作为一种复合性权利，林权具有林地所有权、林地使用权、林木所有权和林木使用权等四种表现形式，同时还有采伐利用权、资源采集利用权、景观开发利用权、抵押权等衍生权利。林权可包含以下权能：占有权能，即基于对森林、林木和林地的合法占有而产生的权利；使用权能，即林权人根据自身意志，依法对森林、林木和林地加以利用的权利；收益权能，即林权人获取森林、林木和林地收益的权利，包括获取森林、林木和林地的天然孳息与法定孳息；处分权能，即林权人对森林、林木和林地依法进行处置的权利，包括事实上的处分和法律上的处分。

笔者认为，根据林权的不同形态，林权的权利内容也不同。占有、使用、收益和处分四项权能，是针对林权这种复合性权利整体而言的，并不是每一种具体林权都具有上述权能，同时，各种具体林权各不相同，从而使林权占有、使用、收益和处分四项权能的结合方式也各式各样。例如，林木和林地所有权具有完全的占有、使用、收益和处分四项权能，林木和林地使用权则只具有占有、使用、收益和一定情况下处分的权能。再如，林中、林下资源的采集利用权体现为林权的使用权能和收益权能的结合，林木采伐利用权体现为林权的收益权能和处分权能的结合。

综上所述，本书的主要观点如下。

第一，林权作为一种复合性权利，具有林地所有权、林地使用权、林木所有权和林木使用权等四种基本表现形式，同时还有采伐利用权、资源采集利用权、景观开发利用权、抵押权等综合性权利或衍生权利。

第二，林权客体宜确定为林地和林木，森林不宜作为林权客体。

第三，林权主体宜界定为国家、集体、自然人、法人或者其他组织。

第四，林权内容包含占有、使用、收益和处分四项权能，根据林权的不同形态，林权的权利内容也不同。

第五，林权并非纯粹的物权。就目前林权的四种表现形式而言，林地所有权和林木所有权是物权；林木使用权是债权；林地使用权中的林地承包经营权是物权，而其他林地使用权是否是物权存在争议，笔者建议设立用益物权。

1.3.2.4 林权的特征

林权除了具有一般物权的特征（法定性、支配性、排他性）之外还具有自身的特殊性。

1. 复合性

土地上的物权并非单一的物权类型，而是一组物权，是存在于土地上的物权群（崔建远，2004）。林权是一个权利束，是复合性物权。在同一片林地上可能存在林权主体多元、客体多元、权利多元的现象，并且彼此之间互相制约、相互影响。例如，集体所有的某块林地，承包给甲并予以登记，甲又出租给乙种果树，乙申请林木所有权登记并获得许可。这样在这片土地上同时并存集体的林地所有权、甲的林地承包经营权（林地使用权）、乙的林木所有权和使用权。这样权利群的安排也是符合现代物权的发展趋势——用益物权的兴起，其主要社会功能有二：①增进物尽其用的经济效用，即拥有其物者的人不使用，而使他人利用之，以收其利益，亦言之，用益物权具有调剂土地"所有"与"利用"的机能；②使物的利用物权化，巩固当事人间的法律关系。

2. 增值性

一般物权的增值性有两种情况，一是在对客体开发的过程中因有效投入使其价值增长；另一种情况是具有再生产能力的生物性资源通过本身的生命运动使其增值，而适宜的气候、土地条件往往使生物资源的这种增值很明显。森林及其林木的增值性也表现在这两种情形之中，既可经有效投入而增值，也可依靠自然力的自身生长发育而增值，其增值性比其他资源有着更为重要的意义（徐秀英，2005）。

3. 公益性

林权具有很强的外部性，是林权区别于其他权利最重要的特征。由于林权客体森林具有多种功能，不仅具有生产木材和其他产品的经济功能，而且还具有维护生态、保护环境的功能。森林在发挥这些功能时，发生大量的外部经济现象，如果森林生产经营者得不到价值补偿，就会打击经营者的积极性，这需要森林权利安排上不同于其他物权客体。林权的约束性较一般权利更多，林权主体无权改变林地的用途，若是公益林，林木何时采伐、采伐多少要受到限额采伐计划的限制。

1.3.3 本书中的集体林权

由上文可知，我国现有法律对林权主体的规定不统一，笔者建议林权主体宜界定为国家、集体、单位（包括集体之外的法人或者其他组织）和个人，代替现在的多种称谓。因此，根据林权主体的不同，林权也可分为国有林权、集体林权、单位（包括集体之外的法人或者其他组织）林权和个人林权四类。但在本书中，鉴于研究范围的考虑，集体林权泛指农民集体拥有所有权林地上的各种林权。

1.3.4 林权流转

1.3.4.1 定义

《辞海》将流转界定为"商品或资金在流通过程中的周转"。商品流转是通过买卖行为，实现产品向商品的转变，也是产品从生产领域向消费领域的转移过程。然而，在当前的社会经济活动中，流转不仅包括生活资源的分配，也包括生产资料的配置和再配置。流转的目的在于使得经济资源得以合理配置，转出方和受让方因此能获取相应的经济收益。

林权流转，有的学者认为是指在不改变林地所有权和林地用途的前提下，按照一定程序和方式，有偿或无偿地由一方转移给另一方的行为。流转的林权，包括森林、林木的所有权或使用权，林地的使用权以及农村林地承包经营权等财产性权利（杜广山，2006）。有的学者认为林权流转，是林地使用权流转，林地使用权与林地所有权发生分离，将林地使用权通过一定的方式转移到非所有人手中的行为（周训芳等，2004）。还有学者认为所谓林权流转，就是造林部门在留足自有林地的基础上，对部分林地的林木所有权进行有偿转让（吴明华、程炎，2005）。

《森林法》第 15 条规定："森林、林木、林地使用权可以依法转让，也可以依法作价入股或者作为合资、合作造林、经营林木的出资、合作条件。"该法条是我国林权流转最重要的法律依据。但是，该法条混淆了林权客体与林权流转客体的区别，把作为林权客体的森林、林木当作了林权流转的客体。顾名思义，林权流转的客体是某种权利。从该法条来看，林地使用权是林权流转客体毫无争议，但森林、林木的哪种权利是流转客体并未言明。笔者认为，林权流转是指林权在不同主体之间的流动和转移，有广义狭义之分。从广义上说，林权流转包括林地、林木（包括森林，下同）所有权和使用权的流转；狭义的林权流转仅指林地使用权、林木所有权和林木使用权在不同主体之间的流动和转移，而其中，林地使用权和林木所有权是最具有实际意义的两种流转方式。原因在于以下几方面。

其一，林地使用权和林木所有权成为流转客体没有争议。

其二，林木使用权作为林权客体存在异议。正如前文所述，林木使用权不适宜作为一种形式的林权，尽管实践中存在林木所有权与使用权分离的情况，如在自然保护区内向农民租的林木，所有权属于农民，而使用权属于自然保护区，但此类情况较少，实际意义不大。当然，如果为了满足实践需要，把林木使用权作为流转客体也未尝不可。

其三，林地所有权也可成为流转客体。在我国，由于土地、森林资源所有权属于国家或集体且不能依民事方式流转。学术界似乎也普遍认为林地所有权不能成为流转客体。但是，笔者认为，固然我国的林地都属于国家或集体所有，但实践中仍然存在着林地国家所有与集体所有的转换，或者不同集体经济组织之间转换的情况，所以，从理论上讲，林地所有权也可成为林权流转的客体。

1.3.4.2 分类

林权流转可从不同角度进行分类。

1. 一级流转和二级流转

林权流转按是否为初次流转分为一级流转和二级流转，前者是指林权从原所有人处取得的流转，如农村林地承包经营权的设定、"四荒地"的拍卖、国家林地使用权的划拨等；后者指林权的再次流转，指林权在不同主体之间的流动和转移，如转包、再次转让等。

2. 场内流转（公开流转）与场外流转（私下流转）

场外流转，即转出方与受让方通过达成文本或口头协议，完成林地林木产权变更，但未到林业主管部门进行产权变更登记的流转行为。场外流转通常被认为是导致林权争议产生的原因之一，也使得转出方，尤其是作为转出方的农户，正当权益难以保障。场内流转，即转出方通过协议、拍卖等方式将林地林木转让给受让方，双方在林业主管部门监督下签署转让协议，并办理产权变更登记的流转行为。场内交易为当前林业主管部门倡导的交易模式。

1.3.4.3 特征

1. 流转内容的复杂性

林业是以林地林木资源为经营对象的国民经济的基础产业和社会公益事业，它不仅为社会提供丰富的以林产品和林副产品为主的物质产品，而且还为社会提供不可或缺的生态产品（贾治邦，2007）。而林地林木资源是一个复杂的自然生态系统，其内部构成复杂多样，但从资源或资产角度看，主要包括林地资源和林木资源两部分，它们共同构成了人类社会生存与发展不可或缺的自然生态环境。正是由于林地林木资源的复杂性导致了林权也具有复杂性的特征（谭世明和覃林，1997）。根据林地林木资源的构成，林权可分成三种结构。一是林地产权。它属于不动产性质，具有稀缺性和可重复使用的特点。由于自然地理条件的差异，林地产权也有区位和质量的差异，不同林地产权主体的收益权差异较大。现行法律规定，林地所有权属于国家或集体所有，其经营权或使用权可以进行市场交易或流转。二是林木产权。即狭义的森林资源产权，主要包括林木占有权、林木使用权、林木收益权和林木处分权，它是林权的主体。目前进行的林权改革也主要是针对林地使用权和林木产权而言的，它是市场交易流转的实际运作标的。三是环境资源产权。即森林资源所产生的环境生态效益的收益权。由于森林资源所产生的环境生态效益产品具有公共产品的属性，经营林业具有明显的外部性特征，林权所有者不能完全支配和占有林业的经营收益。因而，林权既具有排他性，又具有益他性。

2. 流转计量的困难性

从林权的三个层次结构看，其市场交易流转又存在很大的困难。一是对活立木和林分蓄积量的测算，不仅工作量巨大，而且计量精度很难保证；二是对林地林木资产（包括林地、林木、环境资源）的评估难度大，不同林种、不同立地条件、不同林分密度，其收获量差异巨大，而且林地林木资源存量还存在一个消长的问题，很难折算成精确的货币计量。而且资产价值一旦入账，会计上要求是连续的且要保值增值，但林木生长并不是一直递增的，而且容易受到自然灾害和人为因素的影响，会造成账面差异大，不易达成会计平衡。因此，林地林木资产的科学评估就成为林权计量与交易中的特殊问题。

3. 流转交易的不完全性

产权作为一种法定的财产权利，其主体拥有该财产的使用权、处置权和相应的收益权，但林权收益的实现除了受到自身的约束外，还要受到国家法律和林业政策的约束。国家为了保持稳定的森林资源存量，以持续发挥森林的生态、经济、社会效益，采取了一系列行政干预措施，使得林权主体不能任意支配属于自己的林木财产，如国家实行采伐限额制度、收购销售限制等。这样使得林权所有者不能像其他商品所有者那样自由进出市场交易，也不能依据市场变化及时作出生产销售决策，制约了市场的公平竞争。从这个角度看，林权交易是不完全的。

4. 流转损益的不确定性

林木资源存在于广阔的大自然之中，有自身的群落演替规律和消长特点，这在很大程度上影响了资源存量的保管与核算。一方面，林木资源容易受到自然灾害（如水、火、虫、风害等）和人为因素（如偷砍、滥伐等）的破坏，造成林木资产的流失，使得林权主体的收益受损。另一方面，林木资源又具有再生性的特点，能在自然力的独立作用下完成其生产过程，使得林权所有者在没有很大投入的情况下也可以实现林木资产的增值，从而在流转交易中处于有利地位。因而，林权的损益具有不确定性。

1.4　林权流转相关研究综述

1.4.1　国内集体林权制度改革相关研究

1.4.1.1　林业产权及集体林产权制度

对于与林业生产活动相关的产权问题进行界定是研究林业产权制度的基础。在理论层面，相关研究关注了林权、森林产权、林地产权、林木产权、林业产权、森林资源产权等概念的差异性定义（徐秀英，2004；乔永平等，2007）。森林资源产权被认为是森林资产的所有人占有、使用和管理森林资产的权利，相应地也包括对森林资产的所有权、使用权、收益权和处置权等一系列权利（马爱国，2003）。刘宏明（2006）探析了林权、林权客体、林权主体的基本概念，指出林权内容应包括依法享有占有、使用、收益和处置森林、林木和林地的权利。黄李焰等（2005）将林权归纳为所有权、用益权（权利主体对森林资源进行占有、使用和收益的权利）、担保权（主要指抵押权）。然而，曹祖涛认为林权作为一个广泛应用的概念，究竟什么是林权，在法律上并没有一个明确的规定。田琳（2004）提出：林权是以森林、林木和林地为客体的权利，凡是有关森林、林木和林地的占有、使用、收益或者处分的权利都可以归入林权这一范畴中。

1.4.1.2　集体林权制度存在的问题

我国林权制度的变迁多属于强制性变迁类型，林业政策

"长官意识"较浓，没有充分尊重林农利益的需求，没有充分考虑林权的特殊性，林权政策的出台也缺乏相应的保障机制和配套措施，没有协调处理好各种利益群体的关系，使得产权变更出现了反反复复，林业资源遭受严重破坏等后果（柯水发、温亚利，2004）。南方集体林区产权制度存在诸多缺陷，具体表现为：权力主体模糊，关系不清晰；权束复杂，权、责、利不统一；权属多变，缺乏安全感和稳定感；权利人的处分权不落实，收益权受到侵犯；林权纠纷多，历史纠葛深；产权交易不规范，受人为影响大（张正全，2006；钟全林等，2007）。徐秀英（2005）研究得出我国林权问题主要表现为：林权权能设置难以适应社会经济和森林可持续发展的要求、林地所有者与使用者之间缺乏明确的界限和法律保障、国家行政权对林权有所侵犯、农户与集体之间的委托代理机制尚未建立、林权市场化运作制度的缺损。类似研究表明，我国林权制度存在缺陷，对森林资源权属和农民产权保护不够，政府管制侵犯林农的生产经营自主权，高税费造成林业生产成本过高，最终导致森林资源的配置低效（程云行，2005）。

1.4.1.3 集体林权制度改革方向研究

有关集体林权制度改革方向的研究涵盖林木、林地产权等多方面。有关林地产权制度改革存在诸多不同观点。其一，主张集体林地所有权私有化，尤其是应推动商品林所有权与经营权紧密结合的林农私人所有制，以从制度根源上消除使用权承包关系导致的林农权属利益不明确（李立清、李燕凌，2003）。其二，取消林地集体所有制，确定林地国有制，并把林地使用权交给林农，以消除乡村两级对于林农经营活动的干预，保障林农权益。其三，坚持集体所有制，保证制度的稳定性和规范性。然而，近年来少有学者研究集体林地所有权制度改革命题（陈永源、谢德海，2005；华启清、林卿，2006；郑临训、江红，2006）。

1.4.2 国内集体林权流转相关研究

1.4.2.1 林权流转的必然性

周树林等（2005）认为林权流转可以盘活森林资源，利用社会闲散资金和引进外资、促进商品林发展的投融资机制，促进森林更新，从而推动林业的发展，加速林业的现代化进程；加强生态建设，维护生态安全，实现经济发展与人口、资源、环境的协调，实现人与自然的和谐相处。宋冬梅从森林资源资产抵押的角度提出森林资源资产应该流动。张晓东等（2008）认为林权流转带来的效果有：调动了全社会办林业的积极性，提高了林业集约水平，促进了农村产业结构的调整。周训芳等（2004）将这些年推动土地使用权流转的主要动因，归结于林业外部环境变化和林业内部的积极因素推动。

1.4.2.2 林权流转现状及问题

吴军、徐德云（2003）认为林地流转是指在不改变林地用途的前提下，允许林农以股份合作制、租赁、拍卖、承包等多种方式转让林地，使林地使用权按照自愿、合法、有偿的原则，有序流动起来。徐正春等（2005）认为林地流转实质上是林地资产所有权及其派生的经济权利的转移。近期的有关研究将林地流转内涵予以拓展：既有集体林场、农户将林木经营权转让给从事森林经营的大户，包括招商引资进入的外来公司；也有小规模经营农户之间，以租赁、承包、赠与等方式转移森林经营权，不同方式在流转金额和时间方面存在较大差异（邵权熙等，2007）。林权流转包括荒山使用权转让，林下资源开发权转让，森林景观资源开发权转让等方式（邵权熙等，2007）。汤肇元等（2002）以浙江省为例，研究了丽水等四个市林地流转的差异性特征。

我国林权流转在制度建设和实践操作上存在一些共同的问题，包括：流转政策方向不明；群众对流转认识不足，合法权益得不到有效保护；基层林业管理和执法单位地方财政经费保障严重不足；

主管部门定位不清；制度不完善等（邵权熙等，2007）。林地流转中存在的具体问题表现为：以招标、拍卖形式进行山林转让经营或承包经营，林权单位采取"简易评估"（即由村里成立评估小组进行实地评估）方式，易造成集体资产的流失；活立木流转不规范，对活立木流转的评估随意性大，流转方式不规范（乔永平等，2007；邵权熙等，2007）。

1.4.2.3　促进森林资源流转的对策及建议

有关推动林地流转的建议可归纳为：第一，制定和完善林权流转的法律法规和政策；第二，政府应加强引导，积极组建森林资源交易市场，建立民间林业服务协会，引导群众自愿结合形成新的经济合作组织；第三，加快林业产业化建设；第四，精简行政审批事项，下放审批权限；第五，在技术层面做好资源调查；第六，做好宣传工作，增强服务功能；第七，建立市、县两级林地林木流转管理机构，扩大服务功能；第八，实行轻税薄赋的税率政策（沃燕红等，2005；张盛钟，2006；柏章良等，2006；肖艳、曹玉昆，2007；钟全林等，2007；樊喜斌，2006）。

1.4.2.4　林地流转市场现状及问题

林地产权市场体系包括：林地所有权市场，即林地征购市场，为农村集体所有林地转变为国有土地形成的市场；林地使用权的出让市场；林地使用权的出租市场；林地使用权的转让市场和转租市场（唐志、朱友君，2004）。集体林地使用权市场包括林地使用权一级市场和二级市场。在一级市场，集体林地（主要是统管山部分）的使用权通过承包、租赁、拍卖、股份合作等形式出让给农户、企事业单位使用，发生集体林地的所有权和使用权分离，为发生在林地所有者和使用者之间的交易活动；在二级市场，林地使用者在使用期限内，将林地使用权再一次转让给单位或个人开发使用，为发生在林地使用者之间的交易活动（徐秀英，2004）。梁明莲、江明峻（2004）认为，我国林地流转市场尚未形成，多数林地流转是老板和村干部一手操办，有的甚至是暗箱操作。不少学者提出应建立林地流转中介服务机构，建立林地使用权流转市场，其中政府应发挥主导作用（徐正春等，2005）。通过建立林立流转合同法律制度和构建信息平台，降低林地流转交易成本（王礼权，2006）。姚星期等（2008）提出了一个从交易成本角度分析林权交易的框架，认为林权交易中存在"搜寻信息、讨价还价、签订合约、林权计量、监督违约、寻求赔偿、防止侵权"等成本。

1.4.3　国外学者相关研究

1.4.3.1　有关农地市场的研究

巴苏（Basu ArnabK）通过研究指出，在土地资源配置过程中，土地利用开发的最普通方式是通过土地租赁市场合约形式。在不少发展中国家，由于农村金融和保险市场以及社会保障制度的缺失，农地买卖市场不但无法满足贫穷和无地的农户获得土地，反而可能使其失去土地，从而失去攀登社会阶梯的机会（速水佑次郎、弗农·拉坦，2000）。

帕金斯对中国长江中下游和其他高度商品化地区如福建沿海以及主要产米的富足地区如湖南中部等地的农地制度研究后认为，即使有某种机会，农民也不会轻易地出卖他们的土地。长期和永久的租佃契约是上述地区的通常和主要形态。从世界各国土地买卖情况来看，董晓媛在对中国农地流转方式的研究中，通过比较世界各国土地买卖和流转情况指出，在北美，愈来愈多的农户获得土地的方式是通过土地租赁市场，而不是通过土地买卖（刘艳，2007）。

简森（Jeanson Lanjouw）利用一般土地租借均衡模型来说明农村土地市场和信息是否有效（速水佑次郎，2003）。约翰等（John L. Pender et al）根据印度两个村庄的调查分析限制土地交易对土地投资、耕种抉择及农业贷款的影响（诺斯，1994）。马特乌斯（Matth Gorton）通过对 Moldovaf 地区现在小规模土地经营状况的分析，认为鼓励农业生产的联合经营会减少土地交易的障碍，但如果没有界定清楚的土地所有关系和正式授权的土地证书，土地市场的功能仍然很微弱（罗伯特·考特，托马斯·尤伦，1994）。道格拉斯（Douglas C. Macmillan）从经济学角度分析土地市场，认为土地可以在公开市场进行自由交易，但是在交易过程中会发生市场失效，造成土地利用的动荡。因此，财政部门应支持政府干预市场，以弥补市场缺陷。

以上的研究表明，产权的清晰界定是农地流转的前提；农地流转应遵循经济理性的原则，注重市场化因素；由于农地的自由流转存在着一定的市场缺陷，所以需要行政干预。

1.4.3.2 对我国集体林权制度的研究

集体林为我国及其他发展中国家特定土地所有制度安排下的一种森林经营形式，等同于发达国家的社区林，即森林为一个群体所有。集体林权制度改革与家庭联产承包责任制改革一样，是我国农村社会经济体制改革中的特殊制度变迁。近年来，国外学者对我国南方地区集体林经营情况进行了一些关注，其研究成果可概括为4个方面。第一，研究了我国农村社会经济体制改革中，不同区域的林业改革进程。针对土地产权变化和价格制度改革，不同区域农户的林业产出存在显著差异。因此，在经济体制转轨中，政策环境的稳定性极为重要（Runsheng Yin、David H. Newman，1997）。第二，研究了我国集体林权制度改革中存在的制度约束，诸如木材采伐额度制度和价格控制体制，及客观评价制度变革绩效的不足，并提出了相应的分析框架（Peter Ho，2005）。第三，研究了我国集体林经营中出现的家庭股份合作模式。基于对集体林经营所面对的自然和人为因素，提出该模式有助于实现利益共享，调动农户的积极性，提高森林可持续经营能力、林业生产力、公平性，也使得具有专业技能的营林者拥有目标多样性的管理选择（Yajie Song et al，1997）。第四，从社区林业角度进一步研究了集体林区森林经营模式的转变。由于受到社会、文化、经济、生态环境等因素的制约，形成的新模式并未使得农户获得收益。农户能从非木质林产品经营中获利，为经营模式转变的有利因素（Yajie Song et al，2004）。

1.4.3.3 国外林权流转的研究

国外学者有关林地流转研究关注的焦点在于林地用途转变的影响因素，林地产权变更后伴生的系列问题等方面。有关美国东南部三种典型的私有林地的研究表明，林地用途的转变取决于人口和收入两个主要因素（Alig，Ralph J.，1986）。针对营林收益与成本的研究表明，若营林收益高于明确产权、营林成本和将农地转变为林地的总成本，可持续的私有林业、不可持续的公有林、未被开发利用的森林等不同类型森林对应的林地将发生转变（William F. Hyde et al，2003）。此外，相关研究表明，森林产权变更将导致林地生产力变动，即不同规模营林主的森林资源结构，营林成本和产出各不一样。

瑞典以私有为主的林业产权体系由来已久，这种产权体系长期稳定、保持不变，并受国家法律的保护和经济上的扶持。林地所有权世代相传，有效地调动了林地所有者经营森林的积极性。在瑞典林地可以进行有偿转让，为了便于买卖双方的协商成交，事先由卖方聘请咨询委员会进行实地调查，作出合理的估价。即使是幼林也能进入市场，这样做不仅有利于对造林质量进行正确评价，同时也有利于按期还贷和付息，消除了经营者的后顾之忧，提高了经营者投资森林的积极性。

英国保守党政府于20世纪80年代中期开始出售国有林，其目的是实现国有林的合理经营。政府决定出售所获得的收入目标和出售区域，出售采取招标或谈判的形式进行，被出售的森林大多是距离管理机构远或难以经营的针叶树种人工林。截至1997年，出售了6.6万公顷，获得了7500万英镑收入（戴玉才、张然，2004）。

新西兰政府1987年决定出售包括森林在内的具有商业功能的国有资产，总体目的是减少政府财政赤字。从意识形态上看，政府持有具有商业功能的资产是不合理的；森林资产（forest asset）出售的同时还要提高林业的国际竞争力，特别是为高附加值林产加工业及其所吸引的投资保证原木供应。政府持有具有商业功能的资产是不合理的认识，也是促使政府出售国有资产的理由。国有人工林全部被出售，国有天然林全部转移到森林保护局。出售分两个阶段，国有林先是转移到国有公司，再可进行商业经营后出售。购买者可购买林木和工厂等不动产，但林地必须从政府获得可交易的许可证后租赁。1990～1996年，51万公顷的国有人工林被出售，变为私有林（戴玉才，张然，2004）。

法国森林面积为1450万公顷，占国土面积的27%，所有制结构为私有林占69%，国有林占12%，公有林占17%，其余为团体林。法国是世界林业发达国家之一，其森林归国家管理。国有林、公有林和一部分规模大的私有林由国家一元化经营管理。法国现行林业管理体制的最大特点是按照不同的森林所有制采取不同的经营方式，不搞一个模式，国有林和地方公有林实行企业化独立经营，私有林则采取推动合作化经营的发展。法国森林覆盖率达26%，私有林占70%，该国政府为了鼓励私有林主造林，用林业基金育苗，向造林者无偿提供；对造林和次生林改造补贴40%；如超过10公顷造林，还可给予低息贷款，年利息为0.25%，贷款可占总投资的70%，4年后开始偿还，30年还清。

日本的森林面积为2526万公顷，占国土面积的68%。森林按所有制分为国有林和民有林两大类，民有林包括地方公有林和私有林两种。其中：国有林占32%；地方公有林占10%；私有林占58%。在私有林中5公顷以下的森林占88.6%（谭俊，1996）。日本的森林覆盖率高达68%，对家庭造林，一般政府给予补助造林费的40%，对瘠薄林地造林补助60%。

1.4.4 现有研究评述和论文研究视角选择

1.4.4.1 相关研究趋势及特点

（1）近年来集体林权研究学术关注度逐年增强。2003年，

《中共中央、国务院关于加快林业发展的决定》明确了集体林权制度改革的基本方针与总体部署；继福建、江西、辽宁、浙江等省的集体林权制度改革试点后，2008年正式出台了《中共中央、国务院关于全面推进集体林权制度改革的意见》，标志着集体林权制度改革现在全国范围内全面铺开。伴随着以上重要政策文件的出台，学术界也掀起了集体林权制度改革的研究热潮。在中国期刊网全文数据库中，以"集体林权"检索篇名，查到相关文献（2003~2009年）共879篇，研究成果呈逐年递增趋势（见图1-1）。

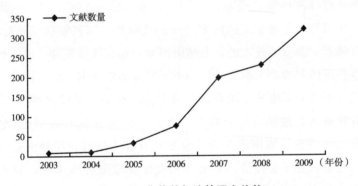

图1-1　集体林权流转研究趋势

（2）集体林权流转研究未引起学术界重视。根据中国期刊全文数据库（CNKI）检索结果（截至2010年7月31日），通过检索篇名，涉及"集体林权"的期刊论文有1017篇，而涉及"集体林权+流转"的期刊论文仅有18篇，后者仅占前者的1.77%，这显示出集体林权流转研究尚不够全面深入。同理，经检索同一时期涉及"农地流转"的期刊论文有393篇，其数量大约是涉及"集体林权+流转"论文的22倍。

（3）绝大多数学者关注集体林权改革研究。根据中国期刊全文数据库（CNKI）检索结果（截至2010年7月31日），通过检索篇名，涉及"集体林权"的期刊论文有1017篇，涉及"集

体林权 + 改革"的期刊论文有 983 篇，后者占前者的 96.66%，这表明集体林权改革已成为集体林权研究的重要内容或时代背景。

1.4.4.2 相关研究评析

（1）研究论文多为非学术论文，理论深度不够。经统计，有 70% 左右的论文属于科普性、报道性、介绍性的非学术论文，理论深度不够，如杨欣、李国富、李树娟的《广西玉林福绵区土地流转的调查与思考》（《今日南国》2009 年第 3 期），而从学术角度研究的相关论文较少，如徐丰果、周训芳的《论集体林权制度改革中的林权流转制度》（《林业经济问题》2008 年第 4 期）。目前，就农地流转而言，其研究对象既有宏观层面的农地制度安排对农地流转的影响，以及为推进农地流转市场发育应实行的新制度安排，也有微观层面的农户主体行为差异导致的流转行为差异；其研究方法既包括了运用制度经济学、微观经济学理论等经济学理论所开展的规范研究，也包括通过计量模型的建立，运用实证研究方法，探析不同因素对于农地流转的影响程度。但是，相对于农地流转的研究，学术界对林权流转制度变迁和制度绩效的研究很少。

（2）宏观理论研究多，微观实证研究少。有关集体林权制度和集体林地林木流转的研究大多从宏观角度，以规范性研究为主，且多数研究延续"现状描述—问题分析—对策提出"模式，缺乏前瞻性、系统性、针对性，常常只扮演了解释和附和国家政策的角色。有关现状的研究多为描述性研究，缺乏基于现状特点的分析，也缺乏对现状的解释性研究。有关林地流转方式的研究显得有些零乱，部分学者将林地流转后的经营方式归结为流转方式。现有研究中提出的对策建议多数笼统，缺乏针对性，对实践的指导作用较差。而从微观层面针对具体问题的实证研究很少，如对林权流转的内涵、方式、内容、程序和效力等关键性问题缺乏深入分析。

（3）缺乏对集体林权改革背景下新情况的深入研究。最新研究缺乏对集体林权制度改革中出现的新情况和新态势的关注，尤其是以林业行政主管部门为主导的林权流转市场建立和发展情况。此外，在集体林权流转相关研究中，集体林地林木权利主体的正常权益是否得到保障，以及流转主体的行为如何，都没有得到充分关注。比较而言，国外相关研究对象更为具体，运用了规范与实证相结合的研究方法，在研究视角上与国内存在较大差异。总的来说，国内集体林权流转研究尚处于起步阶段，在研究方法运用和研究视角选择等方面都存在较多不足。

1.4.4.3　本书研究视角的选择

基于已有研究成果，本书研究视角确定为：以集体林权制度改革为背景，在综合借鉴国内外已有研究成果的基础上，针对集体林权流转制度中存在的突出问题，综合运用"规范—实证、定性—定量、模型—案例"等研究方法，主要从制度结构视角，深入考察集体林权流转制度的历史变迁和现实状况，在微观、中观和宏观层面上提出了深化集体林权流转制度改革的理论思路和对策建议。

1.5　研究思路与方法

1.5.1　研究思路

本书按照"提出问题—分析问题—解决问题—研究总结"的思路来展开，研究的技术路线和框架结构见图 1 - 2。在综合借鉴国内外已有研究成果的基础上，针对集体林权流转制度中存在的突出问题，运用新制度经济学、林业经济管理、法学等理论和方法，从制度分析的视角，深入考察集体林权流转制度的历史变迁和现实状况，力求回答集体林权流转制度"为什么要改"和"如何改"的问题。

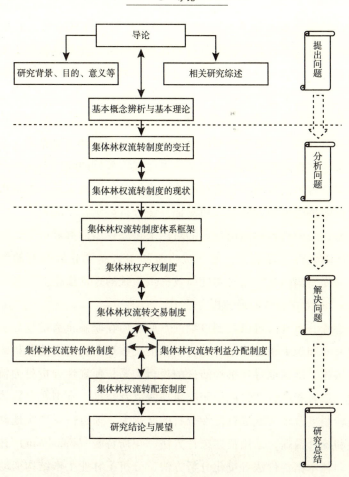

图 1 - 2　技术路线与框架结构

1.5.2　研究方法

1. 文献研究与实地调查方法

通过搜集网络电子资源和图书馆中的中外书籍、期刊，查找有关集体林权流转制度改革的国内外最新研究成果，综合借鉴已有研究成果和研究方法，尽可能完善研究思路，并明确研究的重点及方向。笔者选取了广东省集体林权流转较为活跃的始兴、博罗和四会等三个林改试点市（县）进行入户实地调研，搜集林权流转的实践资料，总结林权流转制度改革的经验和做法，分析改革中出现的新问题，将已构建的理论模式与改革实践相结合，并不断完善和改进。

2. 规范分析与实证分析方法

规范分析与实证分析相结合是科学研究的一种重要方法。本书在对集体林权外在制度和内在制度进行规范分析的基础上，充分考量国内外有关流转收益、流转影响因素等最新研究成果，构建出制度分析的理论模型，同时采用实证方法分析影响林农决策的主要因素，通过经验资料和理论模型的对比来拓展模型的解释边界，完善模型所隐含的前提条件，进一步检验和丰富制度分析模型的解释力，为提高集体林权流转制度绩效提供系统的理论依据。

3. 定性分析与定量分析方法

定性分析方法可以找到事物的本质和内在联系，为定量分析指明了方向和约束条件，定量分析则是借助数理工具对定性分析的进一步量化，准确地寻找事物演进的逻辑关系，使定性分析更为精确有效，二者相结合常常能使研究更加深入和精准。本书在对集体林权流转制度改革实践进行定性分析的基础上，通过一系列实地调查资料和统计数据，运用描述统计方法、福斯特曼（Faustman）林价公式、林木销售价法等量化分析方法，分析了林业生产结构变动对林业经济发展的影响程度，从而找到集体林权制度流转改革问题的解决思路和办法。

2

集体林权流转制度的变迁和现状

2.1 集体林权流转制度变迁的历史

20 世纪 50 年代初至今，我国先后进行了四次较大规模的农村土地制度改革，即土地革命、人民公社化运动、家庭联产承包责任制的确立和农地承包权的物权化改造（谈佳隆，2005）。在此过程中，我国林权流转制度可分为四个阶段。

2.1.1 林权的自由流转阶段 （新中国成立前后至 1955 年）

新中国成立前，绝大部分的山林为地主阶级和封建族会所占有，林区的农民主要靠租种地主和族会的山地、山林营生。新中国成立后，1950 年 6 月，《土地改革法》正式实施后，人民政府依法管理和经营森林。在东北、西南、西北原始林区建立了一批全民所有制森工企业，以木材生产为中心满足国民经济的原始积累和工业基础建设的需求。在中原和南方大面积荒山荒地和天然次生林区，组建了一大批国有林场进行造林营林。在广大农村，通过土地改革，农民分到了个人所有山林，农民成为山林的主人。根据《土地改革法》第 30 条的规定，农民对其所有的土地"有权自由经营、买卖和出租"。可见，这一时期，林权包括林地所有权都是可以自由流转的（李爱平，2008）。

2.1.2 禁止林权流转阶段 （1955 ~ 1978）

1953 年开始的"合作化"把农民私人所有的山林变成了私人和集体共同所有。农民个人仅保留自留山上的林木及房前屋后的零星树木的所有权，山权及成片林木所有权通过折价入社，转为合作社集体所有，实行合作社集体合作经营。林农具有部分林木所有权、林地使用权以及部分收益权、自由退社权，无处置权。从 1956 年开始，农村进行土地调整，从互助组发展到初级社又到高级社，公有产权成了唯一的产权类型，农民的退出权大受限制。通过贯彻《农村人民公社六十一条》，搞"一大二公"运动，迫使农民加入了人民公社，将原合作社的山林全部划归公社所有。"文化大革命"时，农村又开始并社并队，开展"割资本主义尾巴"运动，没收农民的自留山、自留地、自留树。至此，只有国家和集体拥有森林、林木和林地所有权。在这个阶段，山林完全归国家、集体所有，并实行国家、集体统一经营，不准出租和买卖。《土地改革法》关于农村土地权利流转的规定实质上已形同虚设，林权流转消失（李爱平，2008）。

2.1.3 林权流转解冻阶段 （1978 ~ 2003）

这是我国森林资源权属多元化的开端，林权流转也初步实行。1981 年，随着《中共中央、国务院关于保护森林 发展林业若干问题的决定》（中发〔1981〕21 号）的颁布，在集体林区实施了以"稳定山权林权，划定自留山和落实林业生产责任制"为主要内容的林业"三定"政策，广大农民分到了自留山，承包了责任山。1982 年《宪法》明确了村集体作为集体土地所有权主体的身份，1984 年制定的《森林法》确定了林权主体，1988 年的《宪法修正案》允许包括集体土地使用权在内的各种土地使用权可以依法进行转让。长期受"一大二公"体制束缚的林业生产力得到了初步的释放，但是，承包到户责任制在山地上并没有像耕地一样，立即唤起农民对林业的热情，农民只对山上的林木感兴趣，明显只对山地资源的短期收益感兴趣，而对山地的长期投资并不重视，甚至许多地方出现了乱砍滥伐的现象。1990 年前后一些地方开始实行林业股份合作制和荒山使用权拍卖试点，林业股份合作制是按"分股不分山、分利不分林"的原则，对责任山实行折股联营。1998 年修订的《森林法》规定，林权可以转让、作价入股或者作为合资、合作造林、经营林木注册出资、合作条件。

2.1.4　林权流转发展阶段　（2003 年至今）

2003 年 3 月实施的《农村土地承包法》将林地承包期可延长到 70 年；特殊林地的承包期，经国务院林业行政主管部门的批准可以延长，林地承包经营权可以在承包期内继承，并允许使用权和经营权转让。"四荒地"的拍卖工作也在全国展开，允许这些土地的收益权自由转让。2003 年 6 月，中共中央、国务院作出了《关于加快林业发展的决定》。在明确权属的基础上，国家鼓励森林、林木和林地使用权的合理流转，各种社会主体都可通过承包、租赁、转让、拍卖、协商、划拨等形式参与流转。2007 年 3 月颁布的《物权法》从法律上明确了林地承包经营权的物权性质，延续了《农村土地承包法》的流转制度，为林权流转作出法律保障（于德仲，2007）。

2.2　集体林权流转制度变迁的动因

任何一项改革，都有其相应的诱因和推动力。关于集体林权流转制度改革与变迁的动因分析，旨在从中探寻集体林权流转制度变迁的动力和诱因，以便于更好地把握产权制度变革的最佳时机，顺应林权流转制度变革的社会需求。

2.2.1　流转制度的不均衡是流转制度变迁的根本原因

"均衡"作为经济学的核心概念之一，广义上讲，是指一个系统中的各个变量经过调整后不具有变动的趋势。其基本含义包括两个方面的内容：一是指对立变量相等的均等状态，即"变量均衡"，反之则为"变量非均衡"；二是指对立势力中的任何一方不具有改变现状的动机和能力的均势状态，即"行为均衡"，反之则为"行为非均衡"。"行为均衡"的分析重点是制度均衡和制度变革问题。将制度纳入均衡分析中，我们就可以表述制度均衡与非均衡的含义；所谓制度均衡，是指人们在既定的制度安排和制度结构下处于一种满意状态，不具有改变现状的动机或力量，制度从总体上看处于边际效用等于边际成本的状态。制度非均衡则是指人们对现有制度安排不满，具有改进现有制度安排以获取收益的动机的状态。制度非均衡是经济改革中出现的常态。而制度均衡则是一种暂时的、理想的状态，制度非均衡是制度变迁的诱致因素（胡方，2002）。

从均衡与非均衡的角度考察我国现行的集体林权流转制度，我们可以判定现行集体林权流转制度处于非均衡状态。这个判断主要是基于以下的原因：现行的集体林权流转制度安排和集体林权流转制度结构的净收益小于另一种可供选择的集体林权流转制度安排和集体林权流转制度结构，即现有制度尚未达到帕累托均衡，还存在着"帕累托改进"空间。但基于流转制度改革的政府主导型性质造成了集体林权流转制度需求大于实际制度供给，流转制度供给明显不足。旧制度的非均衡性特征成为制度变迁和新制度创建的根本原因。

2.2.2 潜在利润的存在是流转制度变迁的决定因素

制度变迁实际上是权力和利益的再分配，即权利的重新界定。制度变迁的诱因是外部利润（潜在利润）的存在，但在已有的制度安排下却无法获取。制度变迁的过程实际上是外部利润内在化的过程。只要一种制度安排存在潜在利润，就意味着这种制度安排没有达到帕累托最优，因而处于一种非均衡状态，就意味着存在制度变迁的必然性和基本动力（诺斯，1994）。而在现有的制度结构下，由外部性、规模经济等所引起的潜在收入增加不能内部化时，一种新制度的产生可能使这种外在利润内在化（戴维斯、诺斯，1994）。简而言之，制度变迁的诱致因素在于经济主体期望获得最大的潜在利润，即希望通过制度创新来获取在已有制度安排中无法获得的潜在利润。农村集体林权之所以会发生流转，就是因为旧的流转制度安排存在外部利润，并且通过制度创新可使潜在性收入得以增加。随着我国社会经济的迅速发展，林地和林木资源的需求激增，供需矛盾日益突出，林地和林木的稀缺性表现得更为强烈，农村集体林权的资产性质随之逐渐显现，农村集体林地和林木价格也随之升高。上升的林地和林木价格即为集体林权流转的外部利润，外部利润的产生即成为集体林权流转制度变迁的原动力。而相关主体对外部利润的追求驱动人们去寻找一种新的制度安排，进而诱发制度变迁。

2.2.3　改革降低了制度变迁的成本是流转制度变迁的外部诱因

戴维斯和诺斯认为，一种新的制度安排只有在这样两种情况下才会发生：一是创新改变了潜在的利润，二是创新成本的降低使制度安排的变迁划算了（戴维斯、诺斯，1971）。前一点说明了制度变迁的可能性，而第二点则说明了制度变迁的现实性。因此，一种制度是否发生制度变迁不仅取决于潜在利润的存在，还要取决于收益成本分析。只有预期收益大于预期成本，制度变迁才会发生。而制度环境变化会影响制度创新成本收益比。通过近年来的集体林权改革，有效率的产权制度安排使人们在进行经济活动或交易时，形成一种稳定的预期，从而规范人们的经济行为，降低交易成本，减少交易摩擦，实现资源的合理配置和有效利用。产权的经济激励功能使产权主体拥有产权后，就有了收益保证或稳定的收益预期，其行为就会受利益的诱导。因此，这些都可视为导致流转制度变迁实际发生的外生条件，并降低了流转制度创新的成本。

2.2.4 创新流转制度的需求是流转制度变迁的内在诱因

在中国社会转型过程中，来自基层的创新冲动往往先于全国性法律法规的调整。集体林权流转制度的变迁，遵循了这一规律。集体林权流转制度变迁缘于流转主体对流转制度变革的需求。其突出表现是：社会经济的迅速发展导致了对林地和林木的巨大需求，林地和林木价格的不断上升导致了相关主体对新的流转制度安排的需求。林地和林木价格的上升，一方面提高了农民集体对林地和林木收益的预期，从而导致了农村集体产生获取增值收益的制度安排的需求；另一方面，日益上升的林木价格增加了营林公司等用地者对林地的需求，进而产生了流转制度变革的要求。而各地农村集体普遍存在的集体林权流转正是对流转制度变革需求的行动体现。虽然集体林权私下流转绩效不高，但它也反映出相关主体对进一步改革流转制度、完善土地市场结构的需求。

2.2.5 流转的绩效是流转制度变迁的助推器

各地展开的林权流转实践加速了流转制度的变迁。新制度经济学认为，"在社会过程的舞台上，制度与人类行为互补与对比永远相互塑造"（阿兰·斯密德，2009）。一方面，制度能塑造人的功能，扩展人的有限理性，规范人的行为；另一方面，个人能塑造制度，人的行为能影响制度的构建和变迁。因此，人们对集体林权流转的实践影响着流转制度的改革和建设。集体林权流转能产生促进经济增长、增加流转主体收益、提高社会总体福利水平等绩效。这种能产生绩效的行为必然能对流转制度改革和建设产生重要的影响，并加快了流转制度由禁止流转向允许流转转变的过程，成为流转制度变迁的助推器。

2.3　集体林权流转制度变迁的趋势

集体林权流转制度改革，实质上是一个制度变迁和制度创新的过程。同任何事物的发展一样，集体林权流转制度本身也有一个产生、发展、完善以及不断被更新替代的过程。某一种特定的制度只能存在于一个特定的时期，有它自己的"生命周期"。随着社会经济环境的变化，制度自身的缺陷也会逐步显现出来，其适应性也越来越差，当环境变化超出制度容量允许的范围时，制度就必须被彻底改变。对于集体林权流转制度而言，随着中国市场经济改革的不断深入，普遍存在的集体林权流转已超出了旧有制度规范的范围，原有制度已经完全不能对当前集体林权流转的实践状况进行合理的控制和管理了，原有的宏观调控方式不再完全奏效。因此，加大集体林权流转制度创新的力度，已成为集体林权制度改革与进一步发展的主题。

2.3.1　集体林权流转制度变迁必须适合生产力发展的要求

集体林权流转制度变迁是围绕林地林木而产生的生产关系的一种调整，而生产关系必须要适合生产力发展的要求。因此，集体林权流转制度的变革与创新必须立足于农村生产力发展实际，根据当地自然、经济、社会发展情况选择合适的模式。任何违背、脱离农村生产力水平而进行的林地流转制度变革，都不利于农业生产的正常发展和"三农"问题的解决。2003 年发布了《中共中央、国务院关于加快林业发展的决定》，要求"进一步完善林业产权制度。要依法严格保护林权所有者的财产权，维护其合法权益。""加快推进森林、林木和林地使用权的合理流转。在明确权属的基础上，国家鼓励森林、林木和林地使用权的合理流转。""森林、林木和林地使用权可依法继承、抵押、担保、入股和作为合资、合作的出资或条件。"正是由于这些政策的实施，极大地促进了林业生产力的提高。根据江西、福建、湖北三省在 2002 年和 2005 年的造林面积对比，新造林总面积由 111.66 亩增加到 142.10 亩，亩均林地经营投入由 219.90 元增加至 239.03 元（邢美华，2009）。

2.3.2 公开流转是集体林权流转制度变迁的内在要求

对集体林权私下流转及公开流转两种不同的流转形态的绩效分析比较表明，不同的集体林权流转形态产生的绩效既有一致性，也有差异性。虽然这两种流转形态都使集体林权流动起来，实现了资源的重新配置，产生了资源流动比不流动更好的资源配置效率，但这两种流转形态还存在明显的绩效差异。分析表明，虽然在当前情况下，私下流转对于集体经济组织内部的责任山、自留山的流转仍然存在着流转成本低、期限短等优势。但是从总体上看，在集体林权私下流转中因存在市场与政府对资源配置的双重失灵而出现了价格扭曲、交易混乱、资源浪费及社会福利损失等低效的问题，流转效率达不到社会最优，也达不到私人最优。相比之下，在集体林权公开流转中，市场充分发挥了在资源配置中的基础和主导作用。同时，政府也合理地发挥了宏观调控职能，在市场主导与政府合理调控相结合下，集体林权公开流转能产生理想的效率，并向社会最优效率靠近。

2.3.3 适度规模经营是集体林权流转制度变迁的发展方向

在坚持农村土地集体所有的基本经济制度下，林地经营权由分散的小农经营转变为林地适度规模经营是林地经营权流转制度变革的发展方向。扩大林地经营规模，能降低生产成本，扩大到一定规模，能达到规模经济。我国人多地少的国情决定了不可能进行大规模经营。林地规模效益，除表现为林地经营内部效益外，还表现为宏观经济效益和社会效益。因此，在实行超小型林地经营基础上，推进林地流转，适当扩大林地经营规模，以达到规模经营。

2.4 林改中广东省规范集体林权流转的措施

从 20 世纪 80 年代开始，以"分权"为核心的集体林产权制度变革就没有停止过，以"林业三定"为始端，各集体林区均经历了工程造林、贷款造林、买卖青山、公益林划定、退耕还林等一系列"走马灯"式的政策和项目。虽然经过几十年的努力，但集体林的生产力水平并没有得到有效提高，尤其是在我国传统的南方集体林区，这说明森林资源在管理、技术以及激励制度方面存在很大的缺陷。广东省是"七山一水二分田"的林业大省，全省林业用地总面积 1.65 亿亩，其中集体林地 1.51 亿亩，占全省林地总数的 91.2%。林业对广东省的经济和社会发展具有重要的现实意义。农村实行家庭联产承包责任制，特别是农村税费改革后，农民的税费负担明显减轻，收入明显增加，然而农户从事林业生产仍需缴纳较高的税费，缺乏生产经营积极性，营林收益没有得到很好实现，阻碍了农村社会经济的发展。此外，林业主管部门对于更新理念、寻求管理方式、组织机构创新具有较强的现实要求。

被称为"第三次土改"的新一轮集体林权制度改革，是深化农村改革、建设社会主义新农村的重要内容，是维护生态文明和促进林业可持续发展的战略举措。实施新一轮集体林权制度改革对于稳定和完善农村基本经营制度、促进农民就业增收、建设生态文明具有重要意义。通过赋权于民，理顺林业生产关系，破解林业发展的各种体制机制性障碍，调动广大林农参与林业建设的积极性，吸引社会力量参与林业生产活动，激发林业发展动力，提高林业生产力水平，满足经济发展以及生态建设对林业物质产出、生态服务功能的双重需求。广东省通过集体林权制度改革试点，总结摸索出一条"明晰产权、量化到人、家庭承包、联户合作、规模经营"的符合广东实际的林改新路子，为全省林改工作的全面铺开积累了经验。

林权流转是实现森林资源资产变现、维护产权人合法权益的重要方式。近年来，广东省经济迅速发展，森林、林木和林地使用权流转也有了较大发展，发生流转的集体山林面积大、宗数多，各地集体林权流转市场比较活跃，森林、林木、林地使用权作为生产要素进入市场流转十分普遍。但从广东省的实际情况看，普遍存在着林权流转行为不够规范、监管服务不够到位等突出问题。有的地方出现非法流转，甚至暗箱操作的现象，造成集体森林资产大量流失，群众意见大，为以后的林权流转工作埋下很多隐患。随着集体林权制度改革的深入，这些历史遗留问题逐步暴露出来，有些矛盾还相当尖锐，在一定程度上影响了林区的和谐稳定。为切实加强集体林权流转工作，依法规范流转行为，维护广大农民和林业经营者的合法权益，促进集体林业又好又快发展，广东省出台了《关于加强集体林权流转工作的指导意见》，其中包括多项具体措施。

2.4.1 全面清查，准确把握流转方式

林地承包经营权流转的主体是承包方，在法律和政策允许的范围内，承包方可以自主决定林地承包经营权是否流转和流转的方式。一般情况下，对于通过家庭承包取得集体林地承包经营权的，承包人可以随同森林和林木采取转包、出租、互换、转让或者其他方式流转；对于通过其他方式取得集体林地承包经营权的，承包人可以连同森林和林木采取转让、出租、入股或者其他方式流转。对于由集体经济组织经营的森林、林木和林地，可以通过转让、出租、入股或者其他方式流转；对于经营集体拨交林地的国有林业经营单位或乡镇林场，可以采取出租、转让、作价入股或者作为合资合作造林、经营林木的出资条件进行流转。家庭承包的林地承包经营权，采取转包、出租、互换等方式流转的，应当报发包方备案；采取转让方式流转的，应当经发包方同意。集体森林、林木和林地使用权流转，应当在本集体经济组织内提前公示，广泛征求村民意

见，严格依法经村民会议 2/3 以上成员或者 2/3 以上村民代表同意后方可流转。我们必须准确把握各种流转方式，依法规范各种流转行为。

2.4.2　妥善处理集体林权流转的历史遗留问题

各地要结合本地实际情况全面清查，掌握以往林权流转的时间、地点、面积、价格等，对集中归大户、群众意见大的流转，要依法对其合法性、有效性进行核查，要查清查实，找准问题的症结和原因。在清查的基础上，分门别类，分别不同时间界限、不同流转情况进行归纳统计，造册登记，准确掌握本地区集体山林流转类型情况。在全面清查的基础上，各地要本着"尊重历史、兼顾现实、注重协商、利益调整"的原则，依法妥善处理集体林权流转的历史遗留问题。对于集体林权制度改革前的流转行为，符合《农村土地承包法》《村民委员会组织法》等有关法律规定、流转合同规范的，要予以维护，但流转面积过大、价格过低、期限过长、群众反映强烈的，要采取协商的方式，通过让利、缩短流转期等办法依法进行调整，特别是要把政策性让利真正落实给农民；对于流转合同不规范的，实际面积与合同面积差距大，要予以完善；对于不符合有关法律规定的，要依法予以纠正。自然保护区、森林公园等管理机构和国有林（农）场、垦殖场等单位经营管理区内的集体林地、林木，要依法维护经营管理区的稳定和林权权利人的合法权益。鼓励各地探索依法征收、赎买、置换、租用或采用加大生态公益林效益补偿力度等方式，维护农民的合法权益。

2.4.3　依法规范集体林权流转行为

一方面，建立规范有序的流转机制。要抓紧出台林木林地流转办法，规范管理。对以家庭承包方式取得的林地承包经营权，采取转包、出租、互换、入股、抵押或者其他方式流转的，应当报发包方备案；采取转让方式流转的，应当经发包方同意。流转共有林权的，应征得林权共有权利人同意。由集体经济组织统一经营的林权流转给本集体经济组织以外单位或个人的，除应当在本集体经济组织内提前公示，经村民会议 2/3 以上成员或者 2/3 以上村民代表同意后，还应当委托有资质的机构开展森林资源资产评估，并报乡镇人民政府批准；在集体林权制度改革未明晰产权期间，不得流转。国有单位或乡镇林场经营的集体林地，其林权转让除应当征得林地所有者的同意或按双方约定进行外，还应当征得所在单位上级主管部门同意。在同等条件下，对本集体经济组织成员林权流转享有优先权。

另一方面，加强集体林权流转的引导。各地要加强林权管理工作机构和队伍建设，引导农民通过建立林业专业合作社、家庭联合体或股份合作社进行经营；鼓励广大农民和林业经营者采取与企业合作造林等方式流转；鼓励到林业产权交易中心进行流转；鼓励采取短期限流转，限量、限比例或部分林权流转，林木采伐权等形式的流转以及本集体经济组织内部成员间的流转。区划界定为生态公益林的集体林权，暂不进行转让；但在不改变生态公益林性质的前提下，允许以转包、出租、入股等方式开展林下种养业或利用森林景观发展森林旅游业。对未明晰产权、勘界发证的，权属不清或者存在争议的林权不得流转；没有林业经营能力的单位和个人不得受让集体林权；流转后不得改变林地用途；再次流转期限不得超过原承包经营剩余期限。

2.4.4 加强林权流转服务平台建设

各市、县（市、区）要建立健全林权流转运行机制和相应的规章制度，加强森林资源资产评估机构和队伍建设，规范评估行为，维护交易各方合法权益，确保流转活动的公平性和合法性。森林资源资产评估应当以具有相应资质的森林资源调查机构核查的资源实物量为基础，进行资产价值评估。森林资源调查机构和资产评估机构应当符合国家规定的相关资质条件，并严格按照国家有关调查、评估法规和技术规范进行森林资源实物调查和资产价值评估。

要积极培育林权流转市场，建立规范有序的流转市场体系。要加强林权流转的金融服务工作，采取有效措施减少金融机构因开展林权抵押贷款、森林保险等业务带来的风险，积极协助金融机构做好抵押林权的处置工作和林地林木权属的管理工作。

2.4.5　强化集体林权流转管理

首先，依法强化林权登记工作。各级林业主管部门要严格按照林权登记发证的有关规定，认真审查林权流转登记申请文件，特别是要认真审查其权属证明文件的合法性、有效性、申请人的资格证明、流转合同和流转方式等内容，依法办理林权登记手续。对于合法规范的集体林权流转，当事人应当依法到初始登记机关办理林权变更登记。对于不符合法律法规相关规定的林权流转，登记机关不得为其办理权属变更登记。

其次，加强林权流转合同管理。为保障当事人的合法权益，集体林权流转应当依法签订书面合同，明确规定双方的权利和义务。省林业主管部门要会同工商行政管理部门抓紧制订集体林权流转合同示范文本，各级林业主管部门和工商行政管理部门要加强对流转合同的规范管理，认真指导流转双方签订流转合同，实现流转合同的合法性和有效性。各级林业主管部门要加强对林权流转后是否改变林地用途，是否违反国家政策法律等情况进行监督。因林地承包经营权流转发生纠纷的，要鼓励当事人通过协商解决；协商不成的，应当请求村民委员会、乡镇人民政府等调解解决；不愿意通过协商、调解解决或者协商、调解不成的，可以向农村土地承包仲裁机构申请仲裁，也可以直接向人民法院起诉。各级林业主管部门应积极采取有效措施，参与并指导纠纷调处和仲裁，维护各林权权利人的合法权益。

再次，禁止强迫或阻碍农民流转林权。禁止任何组织或个人强迫或阻碍农民依法流转林权。林权流转必须出于双方当事人自愿。对于流转的形式、内容、条件和期限等，任何一方不得将自己的意志强加给另一方，切实保护交易双方的合法权益。党员干部特别是各级领导干部，要以身作则，绝不允许在林权流转过程中，借机为本人和亲友谋取私利。

2.5 广东省集体林权流转的现状、特点及问题

2.5.1 集体林权流转的现状——以四会市为例

2.5.1.1 集体林权流转概况

四会市地处广东省中部，是肇庆的东大门和广佛肇经济圈的重要节点。四会市作为"广东省林业生态县"，全市总人口 41.3 万人，林业用地面积 634422 公顷，占全市总面积的 55.67%，其中集体林地面积 94.23 万亩，森林覆盖率 55.2%。林改前，由于缺乏规范的林权登记、流转等制度体系，因此，四会市的集体林权流转基本上都是私下流转，难以获得制度保障。2007 年底四会市被广东省确定为集体林权制度改革三个试点县（市）之一。在林改中，四会市紧紧围绕中央和广东省"明晰产权、减轻负担、放活经营、规范流转、配套改革"的林改要求，从四会市林业实际出发，明确了"三个有利于"的原则（有利于历史延续、有利于集约经营、有利于利益共享），制订了"以'均股、均利'为主，多种模式并存，既能促进林业经营发展，又能保证经营收益合理分配"的林改实施方案。为了规范集体林权流转，四会市制定了《四会市商品林活立木、林地转让管理办法》《林地林木流转合同范本》和《责任山承包经营合同范本》，并积极落实结构、编制、人员和经费，投资 150 多万元，建立了林业交易服务中心。2008年 11 月以来，该中心已为广大林农和林业投资者提供各类咨询服务 2850 多人次，免费发布林业信息 260 多条；完成森林资源资产评估 33 宗，评估金额达 8652.5 万元；审批林权抵押贷款 25 宗，发放贷款金额 2699 万元；完善流转责任山承包经营合同 863 份、

林地林木流转合同 85 份。目前，四会市集体林地林木流转市场呈现出两个突出特点：第一，从单一的私下流转模式转变为场内流转和私下流转共存的模式；第二，抵押贷款市场逐步发展，但尚处于起步阶段。

2.5.1.2 流转平台的构建

根据广东省委、省政府《关于加强集体林权流转工作的指导意见》的具体要求，四会市于 2008 年 11 月 28 日成立了广东省第一个林业交易场所——四会市林业交易服务中心。四会市林业交易服务中心的核心功能是为林地林木产权流转提供交易平台，兼具开展森林资源资产评估、木竹检量、提供林业科技与法律咨询服务等功能。后三个功能均有助于林地林木产权的规范化流转，并确保流转主体，尤其是作为转出方的农户的正当权益。作为农村集体权力改革配套之一的林业交易平台，该中心集行政服务、信息发布、林权交易、中介服务为一体，并实行首问负责制、一次性告知、服务承诺制的管理模式。该中心下设"林业行政服务、林业信息发布、林权流转交易、资源资产评估、林权抵押贷款"等窗口，其职责包括：对全市林木、林地权属进行登记和动态管理，林权流转管理，林权证抵押管理，开展森林资源资产评估服务；搜集、发布林权流转、林权证抵押、市场交易行情、林业劳动力需求等相关信息，提供林业法律法规、政策咨询；组织培训、提供林业科技服务，受理林权证、林木采伐许可证、林业品运输证、森林植物检疫证明等行政审核、审批项目，受理林权证抵押贷款、森林保险服务。

通过四会市林业局政务网站流转信息公开专栏，各个林权交易市场的交易信息实行网上发布，从而构成一个全省统一的林地林木供需信息网络平台。每宗拟流转的林地林木信息，以及拟受让方的需求信息均可在相关网站公开发布，以确保流转市场中的供求信息对称。拟通过招标、拍卖方式进行流转的宗地，林权交易市场组织受让方进行竞价交易。每当有招标、拍卖活动时，要求交易市场工作人员通过短信方式邀请需方前来竞价。在林地林木流转交易过程中，为确保流转主体的正当权益，尤其是作为转出方的农户的正当权益，林权交易市场对整个交易过程进行审核和监督，包括审核交易主体的资格和必备条件，监督交割结果执行情况。

作为有形市场，四会市林业交易服务中心的建设资金主要来自于市（县）财政、省财政，林权交易市场在财务管理上实行统收统支。对于每宗流转，四会市林业交易服务中心收费项目基本相同，包括林权证工本费、勘测费等费用，具体见附录附表1。

2.5.1.3　场内流转程序的确定

场内流转趋于程序化，有助于确保流转各方的切身利益，也有助于确保流转不造成森林资源破坏。四会市林业交易服务中心涉及林权流转的程序主要有林权证办理、林业信息发布、林权资产评估、林权交易和林权抵押登记等五大流程。场内流转包括提出申请、接受申请、林权状况公示、调查评估、流转交易公告、组织交易、签订合同、产权交易、林权变更等九个环节。具体流转程序见附录附图1至附图5。

2.5.1.4　流转市场模式

基于针对四会市农户和管理部门工作人员开展的实地调查统计结果，当前流转市场中，存在私下流转与场内流转两种模式。私下流转主要存在于农户之间或者流转面积较小的流转中，场内流转的载体为政府组建的林地林木流转平台，即林权交易市场。参与场内流转，需面对更为严格的制度约束，具体包括流转主体资格审查、流转对象资源情况核实、流转协议和合同签署的监督、产权变更登记手续的办理。完成一宗场内流转通常需要2~3个月时间，流转主体需缴纳一定数额的流转费用。单宗场内流转涉及的林地林木数量较多、金额较大，即由多个转出方作为一个主体参与流转，受让方应具有相当规模的资金实力，多为营林公司、木材商人，在场内流转中农户作为受让方的较少。场内流转多采取拍卖、投标方式完成交易。管理部门将一定采伐指标赋予参与场内流转的林地林木，为吸纳流转主体参与场内流转建立了诱导机制。

2.5.1.5 林权抵押市场

林地林木、劳动力、资本、技术是林业生产所必需的生产要素，而资本要素一直为林业发展的瓶颈所在。林权抵押是林地林木权利主体将其拥有的林地林木交换价值流通于金融市场，获得不高于交换价值的信贷资金的金融服务，也是获取资本要素的有效途径。由于林地林木资源具有自然生产力，易受自然灾害威胁，林权抵押程序操作复杂，所以，林权抵押进展缓慢。国务院林业行政主管部门于2004年发布了《森林资源资产抵押登记办法》（试行），为林权抵押提供了法律依据，也为林权抵押市场的形成和发展提供了制度保障。

在四会市集体林权制度改革中，抵押贷款市场得到了发展，处于初步形成阶段。当前的林权抵押贷款活动主要由三方组成，即农村金融机构（以农村信用社为主）、抵押贷款申请人（包括农户、私人林场等）、林权交易市场。主要做法是：农户向金融机构申请贷款，同时向林权交易市场提交申请材料；林权交易市场对拟抵押林地林木权属进行核实，组织资产评估并形成评估报告，提交给金融机构进行决策，明确是否办理抵押、抵押金额和办理时间等事宜；当抵押申请获得金融机构初步同意后，农户以林权证作为质押，与林权交易市场签订林权证抵押协议；林权交易市场获抵押权后，向金融机构出具担保函，金融机构以此向申请人发放贷款。截至2010年3月，全市共审批林权抵押贷款25宗，发放贷款金额2699万元，涉及林地面积34153亩，有力地促进了林业生产。但是，获得抵押贷款的林地面积仅占全部集体林地的3.62%，加上管理部门在抵押贷款中所起的推动作用，可以说，目前四会市林权抵押市场尚处于起步阶段，市场机制还有待完善。诸如，申请抵押贷款的前提是为了参与"场内流转"，而非"私下流转"，就此而言，抵押贷款涉及的主体数量有限，其中农户有资格作为申请人的情况也较为有限；林权抵押的对象多为处于成熟期的活立木，树种主要局限于桉树，抵押时间通常不超过 3 年。

2.5.2 广东省集体林权流转的特点

2.5.2.1 历史遗留的流转问题基本得以解决

由于过去流转制度不够健全、监管不够到位、管理不够完善等各种原因，在广东省很多地区已流转的集体山林普遍存在租金过低、承包期限过长、林地面积过大等"三过"问题。妥善处理历史遗留问题，是林改工作中一项十分重要而又紧迫的任务。以始兴县为例，该县林业局局属林场办场之初，大都是以合作方式经营，即林农出土地，林场出资金，林场负责经营管理，木材采伐后按实际采伐数量计付山价给村民。这样的模式，村民没有稳定的收入，林场采伐木材时才有收入，同时对实际采伐木材数量的确认往往有争议，形成一定的信用危机，同时林农也承担一定的风险（如造林失败、火灾等因素造成损失），一定程度上制约了林业的可持续发展。为促进林业的可持续发展，在 20 世纪90 年代，经局林场与农户双方充分协商，大部分林场转为支付固定山价的形式，也即为租山模式，标准为每年每亩 2 ~ 3.5 元，有效稳定了林农的山价收入，局林场每年支付的山价款达 140 万元。

为有效解决林地租金过低、承包期过长、面积过大等历史遗留问题，三个试点县（市）因地制宜，从实际出发，尊重历史事实，以集体林权制度改革为契机，采取明晰产权、化解纠纷、协调出租期限和费用等积极有效的措施，基本解决了这些历史遗留问题。据统计，三个试点县（市）共调整完善规模经营合同160 宗，其中，四会市调整完善规模经营合同 85 宗，始兴县完善联办林场经营合同 53 宗，博罗县完善规模经营合同 22 宗。而且在规范合同过程中，也产生了较大的社会经济效益。以始兴县为例，通过全面完善林场承包合同工作，全县各类林场也逐步加快了妥善处理历史问题进程，全县 70% 以上的林场承包经营合同得到了进一步规范，通过调整林地租金，大部分林地租金已超过生态公益林补偿标准（7.5 元/亩/年），林区乡镇的大部分林地每年的亩租金都在 20 元左右，最高达 30 元。据统计，林场林地租金调整后，每年可为群众增收 600 多万元。县林业局属下 14 个林场租金从每亩每年 3.5 元提高到每亩每年 7.5 元左右，年租金 360 万元，每年增加租金还利于民约 220 万元。通过完善承包经营合同、调整林地租金、变更承包期限，使林场主和群众的关系进一步融洽，群众爱林护林意识大幅提高，进一步坚定了经营者的信心和决心，走上了稳定经营、林区和谐的林业可持续发展道路。

2.5.2.2　流转程序得到逐步规范

为了规范集体林权流转，三个试点县（市）分别建立起林权流转市场，积极落实管理机构、人员、所需经费和场所，从而为规范集体林权流转程序奠定了物质基础。其中，四会市在林权流转方面的工作比较到位，主要表现在以下几个方面。其一，根据国家、广东省的林改文件精神，制定了《四会市商品林活立木、林地转让管理办法》《林地林木流转合同范本》和《责任山承包经营合同范本》，用以统领和指导集体林权的流转工作。其二，建立起规范的林权流转程序。四会市林业交易服务中心集行政服务、信息发布、林权交易、中介服务为一体，并实行首问负责制、一次性告知、服务承诺制的管理模式。该中心下设"林业行政服务、林业信息发布、林权流转交易、资源资产评估、林权抵押贷款"等窗口，其涉及林权流转的程序主要有林权证办理、林业信息发布、林权资产评估、林权交易和林权抵押登记等五大流程，场内流转包括提出申请、接受申请、林权状况公示、调查评估、流转交易公告、组织交易、签订合同、产权交易、林权变更等九个环节。其三，针对集体统一经营的林权流转规定专门的程序。一方面，集体林权流转必须严格遵循"两个三分之二"的原则，即流转必须依法经本集体经济组织成员的村民会议 2/3 以上成员或者 2/3 以上村民代表的同意，从而保障了农户的知情权、参与权、决策权和监督权；另一方面，集体统一经营林地林木的流转必须要经过乡镇政府的审核同意。因此，实现了林权流转工作做到内容、程序、方法、结果的公开、公平、公正，实行全过程"阳光操作"。

2.5.2.3　流转发生率较高

流转发生率被定义为参与流转的林地林木数量与林地林木资源总量的比值。在此界定集体林流转面积与集体林地面积为流转发生率。从广东省的集体林权流转实践看，体现出以下两个特点。

一是林改前的集体林权流转发生率较高。广东省是我国 30 年改革开放的排头兵，国内生产总值多年位居全国首位。由于处于良好的社会经济环境中，广东省林业也得到了很大的发展，全省基本形成了造林营林、木材生产、林产工业和多种经营"四位一体"的林业产业化新格局，林业产业总产值连续 6 年居全国首位。更重要的是，在林业"三定"时期，广东省总体上并未简单照搬"大包干"的模式，而主要是采取了"分股不分山、分利不分林"的林业股份合作制的做法，通过组建林业股份合作社，进一步健全和完善统分结合的林业双层经营体制，真正达到"山权不变、林权共有、利益共享、风险同担"。这种集体林地统一经营的做法无疑适应了林业发展的特点，即林业必须走适度规模经营之路，从而适应市场经济发展，满足商品化经营的需要，而且避免了在家庭承包经营中的"分而不治""砍而不造""包而不管"等短期行为，有利于林业规模经营和林权流转。从表 2－1 可以看出，在三个试点县（市）集体林地中，除去不能继续流转的生态公益林外，仅集体已流转的林地面积就有 170.2 万亩，占可以流转商品林的 45.2%。相比其他省份，广东省的集体林权流转发生率要高很多，如 2004 年江西省的流转发生率仅为 0.64%（谢屹，2008）。

表2-1　三个试点市（县）集体林地经营类型

单位：万亩

	集体林地经营形式				生态公益林	商品林	合计
	自留山	责任山	集体统一经营林地	集体已流转林地			
四会	2.27	29.49	42.53	12.59	30.64	56.24	86.88
博罗	26.7	7.5	95.9	56.9	55.7	131.3	187
始兴	3.74	22	128.89	100.71	66.27	189.1	255.37
合计	32.71	58.99	267.32	170.2	152.61	376.64	529.25

注：数据来源：广东省林业局内部统计资料。

　　二是林改后新增的集体林权流转也较多。在集体林权改革中，三个试点县（市）采取积极有效的措施推进林权流转工作。其一，把明晰产权作为核心工作，奠定了林权流转的坚实基础。据统计，三个试点县（市）已登记发放集体林地所有权林权证8722本，涉及林地面积522万亩，占集体林地面积的96.8%，其中四会市发放集体林地所有权林权证3169本、涉及92万亩，占集体林地面积的96.2%；始兴县发放3869本、涉及249.2万亩，占97.6%；博罗县发放1684本，涉及180.8万亩，占96.7%。登记发放集体林地使用权林权证9161本，涉及林地面积510.7万亩，占集体林地面积的95.6%，其中四会市发放3520本，涉及89.4万亩，占93.2%；始兴县发放4489本，涉及246.9万亩，占96.7%；博罗县发放1152本，涉及174.4万亩，占93.3%。发放集体山林股份权益证书148925本，涉及农户14万多户、涉及林地面积408万亩，占集体统一经营（含已流转）山林面积的90.2%，其中四会市发放54680本、涉及53.8万亩，占96%，始兴县发放38245本、涉及213.5万亩，占93%，博罗县发放56000本、涉及140.7万亩，占92.1%。其二，三个试点县（市）分别建立起林权流转市场，积极落实市场管理机构、人员、所需经费和场所，从而为规范集体林权流转程序奠定了物质基础。其三，建立起规范的林权流转程序。公布《林地林木流转合同范本》和《责任山承包经营合同范本》等合同范本，完善林权证办理、林业信息发布、林权资产评估、林权交易和林权抵押登记等林权流转流程。林改以来，截至2010年3月，四会、博罗和始兴新增集体林权流转面积分别为1.79万亩、2.89万亩和2.65万亩，分别占可流转商品林面积的3.2%、2.2%和1.4%。四会市林改以来共审批林权抵押贷款25宗，发放贷款金额2699万元，涉及林地面积3.42亩，占可流转商品林面积的6.1%。

2.5.2.4 流转价格逐步上升

此次林权制度改革中，三个试点县（市）林地林木流转价格较以往有大幅提高。究其原因，在于"减轻税费、放活经营"充分调动了林农及社会力量从事林业生产经营的积极性，尤其是投资林业的社会资金大幅增加。以始兴县为例，通过全面完善林场承包合同工作，全县各类林场也逐步加快了处理历史遗留问题进程，全县70%以上的林场承包经营合同得到了进一步完善，通过调整林地租金，大部分林地租金已超过生态公益林补偿标准（7.5元/亩/年），林区乡镇的大部分林地每年的亩租金都在20元左右，最高达30元。据统计，林场林地租金调整后，每年可为群众增收600多万元。

通过调查发现，流转价格大幅攀升有三方面原因。第一，市场机制得以完善，即在林权交易市场中，有足够的市场主体参与流转，通过竞价机制，使得流转价格得以提高。第二，由于政策性让利，从事林业生产经营的利润空间有所增大，流转市场中的需求较以前更为旺盛。第三，原木（竹）价格的大幅上升，使得更多社会资本投入林农业生产（杜国明，2011）。

2.5.3 广东省集体林权流转的问题

广东省的集体林权改革全面推进阶段始于2009年9月的全省

林业工作会议。在总结始兴县、博罗县和四会市等三个试点县（市）林改试点的基础上，广东省提出全面推进集体林权改革工作。广东省的林改工作主要分为主体改革和配套改革两个阶段。截至 2010 年 10 月，广东绝大多数地区已基本完成以明晰产权为核心的主体改革，但是包括构建流转平台在内的配套改革尚未全面推进，因此，除始兴县、博罗县和四会市等三个试点县（市）已建立流转平台或流转市场外，广东其他地方尚未建立健全的流转平台或流转市场。以广州市为例，由于召开亚运会的原因，原计划于 2010 年 10 月开展的综合配套改革又延期了。同时，我们也注意到，即使在已建立流转平台的三个试点县（市），也仍然存在一些不尽完善的地方，主要体现在如下几方面。

（1）规范性文件不够健全。目前仅有四会市出台了林权流转办法，其他两地缺少相应的规范性文件。同时，涉及流转的提出申请、接受申请、林权状况公示、调查评估、流转交易公告、组织交易、签订合同、产权交易、林权变更等流程规范或者没有，或者较粗糙，难以适应林权流转进一步规范发展的要求。

（2）林权抵押贷款创新不足。通过集体林权改革，三个试点县（市）的林权抵押贷款工作有了长足进步，四会市、博罗县和始兴县新增林权抵押贷款宗数分别为 580、1780、1662 宗，可以说林权抵押贷款工作有了质的飞跃。但是，也要看到抵押贷款的适用还存在诸多制度性障碍，从而造成广东林权抵押贷款工作与浙江、福建等先进省份还有较大差距。例如，四会市林改以来共发放贷款金额 2699 万元，涉及林地面积 34153 亩，但获得抵押贷款的林地面积仅占全部集体林地的 3.62%，加上管理部门在抵押贷款中所起的推动作用，可以说，目前四会市林权抵押市场尚处于起步阶段，市场机制还有待完善。主要的不足之处体现在以下方面。其一，林权抵押贷款范围有限。申请抵押贷款的前提是参与"场内流转"，而非"私下流转"，就此而言，抵押贷款涉及的主体数量有限，其中农户作为申请人的也较为有限。其二，抵押所涉及的树種和抵押期限有限制。林权抵押的对象多为处于成熟期的活立木，树种主要局限于桉树，抵押时间通常不超过3年。其三，抵押贷款以办理森林保险为前提。而目前由于森林保险属于政策性保险，故办理森林保险仍然受到诸多政策限制，这极大地提高了抵押贷款办理的门槛。其四，未能开展信用贷款。国内其他先进省份，如浙江、福建等省，已经开展了林农小额信用贷款实验（孔祖根，2009），相比而言，广东省则处于落后状态。其五，开展抵押贷款的金融机构积极性仍然不高。目前，开展抵押贷款的金融机构主要是农业银行、农业信用社和邮政储蓄银行等三家，其他金融机构基本没有介入，考虑到林业生产的长周期、高风险和低收益等特点，即使此三家金融机构开展了林权抵押贷款，积极性也不高，往往是政府促动下的产物。

（3）需要进一步健全林地林木资产评估制度。目前，林权资产的评估人员、队伍、方法等方面均存在着诸多不足之处。

（4）需要创新林木采伐管理工作。"放活经营"是林改的一项重要内容，但试点中缺乏对林木采伐管理工作的创新。要在目前改革的基础上，抓好林木采伐管理改革试点工作，通过组织开展编制森林经营方案、简化采伐审批程序等措施，探索出一套与现代林业相适应的林木采伐管理制度。

（5）需建立森林火灾保费财政补贴制度。按照"政府引导、政策支持、市场运作、林农自愿、稳步推进"原则，开展了森林保险工作，并且建立了森林火灾保费财政补贴制度。

（6）需组建林业担保公司和林业合作社组织。担保公司主要采取政府和林业龙头企业共同出资的方式进行组建，实行政府扶持、市场化运作。

（7）需健全和完善林权流转社会化服务体系。一是林业部门应尽快建立具有专业性的林业资产中介评估机构，并坚持以社会效益为主，尽量做到保本微利或无利，让利于"三农"，减轻贷款费用。二是加快林政服务中心建设，林权证登记做到简捷易懂，提供优质高效服务。三是认真抓好林权流转交易市场的综合服务，确保交易有市，管理有序，充分体现政府不仅在政策上为农而且服务上为农，从而为保障林权抵押贷款的正常运作打下良好的基础（杜国明，2011）。

2.6 小结

本章的主要研究结论如下。第一，我国集体林权流转基本上经历了一个由紧到松的发展过程，近年来伴随着集体林权改革，集体林权流转发展迅速。第二，基于制度经济学理论，认为流转制度不均衡、潜在利润出现、创新流转制度需求以及制度变迁成本降低等是引起集体林权流转制度变迁的动因。第三，集体林权流转制度变迁的趋势有：必须适合生产力的要求，公开流转是变迁的内在要求，适度规模经营是制度变迁的发展方向。第四，在广东集体林权改革试点中，集体林权流转平台从无到有，呈现出以下几个明显特点：历史遗留流转问题基本得以解决，流转程序得到逐步规范，流转发生率较高，流转价格逐步提高，林权抵押贷款创新不足，流转平台建设有待加强。第五，广东集体林权流转还存在着规范性文件不够健全、林权抵押贷款创新不足、需要健全林地林木资产评估等诸多问题。

本章蕴涵的政策意义是：在集体林权流转制度变迁中，要正确把握制度变迁的基本趋势，找到制度变迁的内在逻辑和深层次规律，结合我国制度环境特征，着力加强集体林权流转制度体系建设，创造良好的产权制度环境，完善配套服务，才是建设集体林权流转制度的必由之路。建构集体林权流转制度体系，通过分析制度体系深层次的矛盾，寻找制度变革的路径。

3

集体林权流转制度体系框架

　　制度安排之间至少存在两种相互依存性，即在单一制度安排中不同功能的相互依存性，以及在整个制度结构中不同制度安排的相互依存性（林毅夫，2000）。因此，有效率的制度和制度变迁必须整合到一个综合的整体框架内，充分考虑与配套制度和辅助性制度的功能协调和逻辑统一，以发挥"部分功能之和大于整体功能"的功效。换言之，一个制度结构是否有效率，在相当程度上取决于互补性的制度（institution complementarity）是否实现了激励相容或激励协调（incentive compatibility）　（谭世明，2009）。因此，集体林权流转制度的完善也应当从制度体系上寻求系统性的解决思路。本章重点讨论现有集体林权流转制度体系框架，主要内容包括两个方面：一是阐明制度的内涵、结构及功能；二是建立集体林权流转制度体系的理论框架，为深入研究集体林权流转制度变迁的内在规律，探寻集体林权流转的科学路径提供理论支持。

　　根据各种制度在集体林权流转中的功能，建立集体林权流转制度体系框架，包括产权制度、核心制度和配套制度三部分。其中：产权制度是基础；核心制度包括交易制度、价格制度和利益分配制度，是整个集体林权流转制度体系的最主要部分；配套制度是保障。交易制度、价格制度和利益分配制度三者之间相互联系、相互作用、相互影响。交易制度以价格制度为基础，而交易的状况又影响到价格制度的形态；利益分配需要通过价格实现来完成，同时利益分配格局又会影响价格制度；利益分配制度的状况会影响交易制度的形成，而交易的结果又直接影响到利益的分配。完整的集体林权流转制度体系建设势必能够减少新的林权流转制度与其他制度之间的摩擦，提高制度创新的效率，减少集体林权在流转过程中的不确定性和风险，进而规范和促进集体林权的流转（王佑辉，2009）。集体林权流转制度体系框架见图 3 - 1。

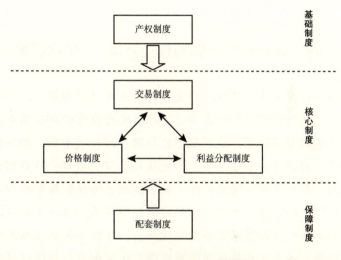

图 3 - 1　集体林权流转制度体系

3.1　集体林权产权制度

集体林权产权制度是整个集体林权流转制度的基础，集体林权入市流转，首要的前提就是产权完整明晰。而我国农村集体林权产权制度存在着产权权能构成不完整、产权主体不明晰、集体林权易受侵害的弊端。集体林权的最初来源都是林地，作为整个农村土地的一个构成部分，集体林权的产权制度改革，可以作为农地产权制度改革的先行者。目前集体林权产权制度存在集体所有权性质不清、集体所有权主体模糊、集体林权权能残缺和集体林权登记确权工作滞后等缺陷，这些缺陷已严重影响到集体林权流转的顺利开展。另外，目前集体林权产权制度改革中存在两大关键性问题，即集体林权经营体制选择和集体林权流转的物权变动模式选择问题。应当对比分析现有家庭承包经营方式和"均股、均利"集体经营方式的公平和效率，寻找更适合中国国情的集体林地经营方式。林权物权变动模式直接关系到集体林权的成立与否，必须探索出适合我国国情和司法实际状况的物权变动模式，强化登记的公示效力。

3.2　集体林权流转的核心制度1：交易制度

集体林权流转交易制度对交易的全过程进行规范，包括交易环节、交易形式和交易价格等。目前集体林权流转存在私下流转与公开流转两种形式，由于私下流转具有流转成本低、期限短等优势，所以仍然被大量采用，但是从长远发展来看，只有实行公开流转，推行流转市场化运作，充分发挥市场在资源配置中的基础性作用，同时合理发挥政府的宏观调控作用，寻找市场机制和政府机制在资源配置过程中的最优组合，才能推进集体林权流转的有序性、适度性及高效性，实现资源优化配置。集体林权流转交易制度包括交易规则体系、交易监管体系、交易服务体系等三个组成部分，三个体系相互影响，相互作用。集体林权流转交易制度存在着林权流转法律不完善、流转平台不规范和服务管理不到位等三大缺陷，应当探索出完善集体林权流转交易制度的基本路径。在集体林地林木流转市场发展的初期阶段，市场机制不甚完善，政策机制可成为引导市场发育、消除市场失灵的有效干预手段。但从长远发展来看，合理发挥政府的调控作用，完善集体林权流转法律法规，培育社会中介服务力量，充分发挥市场和政府两种机制的作用，大力宣传推动集体林权公开流转，才是集体林权流转交易制度发展的必由之路。

3.3 集体林权流转的核心制度2：价格制度

集体林权流转价格不仅需要由市场竞争机制形成，而且由于林地利用受国家土地利用管制，集体林地林木利用存在突出的外部性问题，所以直至目前尚未建立起规范的林权流转价格机制，严重影响了集体林权权利人收益权的实现。为保护生态利益和防止集体资产流失，集体林权流转需要完善相应的价格制度。一方面，应当从林地流转和活立木流转两个角度，逐步探索出集体林权价格理论、价格体系和基本价格公式；另一方面，深入分析当前集体林权流转价格制度主要存在的三大问题，即协议定价比例大、价格偏低和缺乏完善的评估体系。在此基础上，逐步建立科学的价格形成机制。科学的价格形成机制主要包括三方面。①集体林权流转竞价机制，即建立完善的招标、拍卖、挂牌等市场竞价机制。②林地林木资产价格评估制度，主要包括对有林地、无林地和活立木的价格评估。集体林权流转的交易方式多种多样，其交易价格的表现形式也具有多样性，有出让价格、租赁价格、作价入股和抵押价格，等等。地价的实现与集体林权流转的具体方式有关，根据不同的流转目的选择合适的流转方式，各种交易价格要相互协调。③基准价格制度。对集体林地进行土地分等定级，并在此基础上制定基准地价。基准地价向农村林地覆盖，有利于显化农村土地资产价格，为确立合理的农村土地价格水平提供参考。

3.4 集体林权流转的核心制度3：利益分配制度

集体林权流转中利益关系复杂，流转中涉及的主体包括：集体林权转出方（即集体林权权利人，包括农村集体经济组织、农民等）、集体林权转入方、参与流转管理的各级政府以及生态效益受益者。这些主体分别以不同的方式参与土地收益分配。由于在理论和实践中，存在对租、税、费认识混杂不清的问题以及集体林权收益分配还受地方习俗习惯等非正式制度的制约，集体林权流转中收益分配是利益各方矛盾冲突最激烈的领域，直接关系到政府、农民集体、林农、生态效益受益者等多方主体的责权利是否统一，影响林农和承包造林的集体和个人的生产积极性。收益分配制度是集体林权流转制度创新是否成功的关键，对于森林资源的保护，林业生产持续、稳定、协调发展和林区的长治久安具有重要意义。一方面，需要从理论上探索当前集体林权流转中的各种利益关系及冲突根源。另一方面，针对集体林权流转中存在的政府与生产经营者、农民集体与林农、转出方与转入方、生产经营者与生态受益者等四类主体之间的利益冲突，探索化解冲突的基本思路。特别是要对限额采伐政策、林业税费政策、生态补偿制度等关键性因素提出有针对性的完善建议，以平衡各方利益主体之间的责权利关系。

3.5　集体林权流转配套制度

集体林权流转制度的变革是一个系统工程，部分制度的调整必然需要对其他相关制度作出相应调整，才能使整体制度结构达到均衡。事实上，任何一项制度安排的效率不仅取决于它对付"经济人"机会主义的优劣，同时其效率还在很大程度上受周围现存辅助性制度素质的影响，制度的效率会由于周围辅助性制度的细微差别而大相径庭（吴群刚，2006）。弗里曼的研究认为，由于制度之间通常存在较强的互补性和相关性，导致制度变革存在刚性，制度改革的成本可能是高昂的。按照日本学者青木昌彦和奥野正宽（2005）的分析，鉴于新制度将带来的收益与改革带来的阵痛之间的权衡，在转型期实现经济体制的平稳改革具有更低的协调成本和更大的净剩余，通常也更符合人们的偏好。要使集体林权制度改革能真正促进林业的长远发展，就需要改革和完善相关的配套制度，否则，新的林权制度就会与其他制度发生摩擦而不能很

好地发挥作用，势必会降低制度创新的效率。因此，配套制度是
集体林权流转制度体系的保障，要使集体林权流转制度规范、快
速和健康发展，就需要改革和完善相关配套制度。集体林权流转
配套制度主要包括林权纠纷化解制度、林业保险制度、专业合作
社制度、林地征收制度、林业科技支撑制度、就业及社保制度等
方面。

3.6　小结

本章研究的主要结论是：第一，有效率的制度和制度变迁必须
整合到一个综合的整体框架内，充分考虑与配套制度和辅助性制度
的功能协调和逻辑统一，以发挥"部分功能之和大于整体功能"的
功效；第二，制度主要有正式制度与非正式制度、内在制度与外在
制度之分，制度的作用主要表现在具有重要的资源调配和整合功能；
第三，应当根据各种制度在集体林权流转中的功能，建立集体林权
流转制度体系框架，包括产权制度、核心制度和配套制度三部分。
其中产权制度是基础；核心制度包括交易制度、价格制度和利益分
配制度，是整个集体林权流转制度体系的最主要部分；配套制度是
保障。

本章蕴含的政策意义是：完整的集体林权流转制度体系建设势
必能够减少新的林权流转制度与其他制度之间的摩擦，提高制度创
新的效率，减少集体林权在流转过程中的不确定性和风险，进而规
范和促进集体林权的流转。所以，从制度体系建设的角度来规范集
体林权流转制度，是完善集体林权流转制度的正确选择。

4

集体林权产权制度

20世纪80年代以来，中国农地制度的变迁，建立了以农村家庭联产承包经营为基础、统分结合的双层经营制度，使农户家庭成为农村农业中最为重要的经济主体，从而充分调动了农民经营的积极性，创造了举世瞩目的农村改革奇迹，被誉为继农村土地改革之后的农村"第二次革命"。然而，同样思路的改革，在集体林发展中并没有出现农地制度变迁那样令人鼓舞的情形，尽管林业改革也进行了不少的尝试，但至今仍未见奇迹出现。因此，集体林权制度改革不能生搬硬套农业改革的模式，必须在准确把握林业产权特性的基础上，运用产权理论的一般原理，借鉴制度分析的基本方法，建构起适宜林业行业和部门特点的集体林权制度，才有可能实现集体林权改革的突破。

本章首先构建出我国林权的产权体系结构，认为林权的产权体系结构由物权（包括所有权、用益物权、担保物权）和债权两大类权利组成。其次，针对现有集体林权产权制度存在的诸多缺陷，提出具有创意的完善建议。再次，对于目前集体林权产权制度改革中的两大关键性问题，即集体林权经营体制选择和集体林权流转的物权变动模式选择问题进行深入探讨，并作出了符合我国国情的正确选择。本章分析框架见图4-1。

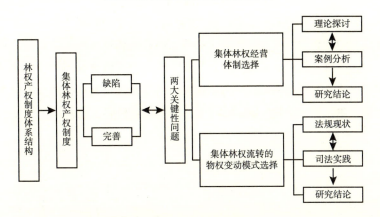

图 4-1 分析框架图

4.1 集体林权产权体系构成

农村集体林权产权制度是指构建农村集体林地林木产权结构和产权关系的制度安排，包括国家对林地林木产权制度安排的法律认可和国家对林地林木产权管理与调控的一系列法规政策。产权结构包括各种权利的职能及配置，产权关系通过财产权利反映人与人之间的财产关系。

本书拟从集体林权流转的角度，构建集体林权的产权体系结构。我国是大陆法系国家，我国的产权设计沿用了大陆法系的物权理论。我国的物权体系分为所有权、用益物权和担保物权三大类。物权法的核心是物的利用制度。用益物权重在发挥物的使用价值，担保物权重在发挥物的交换价值。林权产权的设置要建立"归属清晰、权责明确、保护严格、流转顺畅"的现代产权制度。正如前文所述，笔者认为：林权作为一种复合性权利，具有林地所有权、林地使用权、林木所有权和林木使用权等四种基本表现形式，同时还有采伐利用权、资源采集利用权、景观开发利用权、抵押权等综合性权利或衍生权利。林权并非纯粹的物权。就目前林权的四种表现形式而言，林地所有权和林木所有权属于物权；林木使用权属于债权；林地使用权中的林地承包经营权属于物权，而其他林地使用权是否属于物权存在争议，笔者建议设立用益物权。因此，我国林权的产权体系结构可由物权（包括所有权、用益物权、担保物权）和债权两大类权利构成，集体林权产权体系同样可按此分类（见图4-2）。

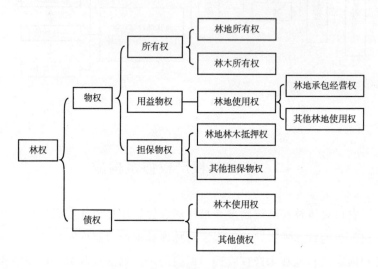

图4-2　林权产权体系示意图

由于本书中的集体林权泛指农民集体拥有所有权的林地上的各种林权，故集体林权产权结构中的集体林权除林地所有权属于农民集体之外，其他类林权主体并不限于农民集体或者农民。

4.1.1　所有权

在集体林权产权体系中，所有权位于产权体系的最上层，是整个集体林权产权体系的核心，由占有权、使用权、收益权、处分权等四种权能构成。所有权是指所有权主体依据自己的意志支配所有物，保持或排斥他人利用，并得到社会公认的权利。占有权是经济主体实际掌握、控制占有物的权利，它是行使所有权的基础，也是实现使用和处分权能的基础。财产占有权通常由财产所有者行使，也可以由非财产所有者行使。使用权是使用者依据一定的规则对物加以实际利用的权利，多由所有者行使，也可以转让给所有者以外的其他人。收益权是产权主体依据自己享有的相应权能而获得收益的权利。处分权是所有者在事实上或法律上决定安排处分物的权利，它是产权束中较重要的权能，是所有权运行的表现形式。处分权包括出售、租赁、赠送、馈赠、抵押等更次一级的权利。处分权通常由所有者行使，在某些情况下可由所有者委托他人行使。在集体林权产权体系中，所有权包括林地所有权和林木所有权，这两种权利也是林权的两种基本表现形式。林地林木所有权是集体林地所有权人对自己的林地或林木，依法享有占有、使用、收益和处分的权利。我国现行法律规定集体土地所有权的主体为"农民集体"。"农民集体"应该是一种能按章程和规则行使权力的组织形式。而伴随着集体林权流转的发展，林木所有权主体呈现出多元化的趋向，既包括农民集体和农民，也包括其他任何符合规定的法人、组织或者个人。

4.1.2　用益物权

用益物权是他物权的一种，指非所有人对他人所有的物依法享有占有、使用和收益的权利。依据《物权法》的规定，土地承包经营权属于用益物权，那么，林地承包经营权作为土地承包经营权的一种，依法属于用益物权。而现有法律对林地承包经营权之外林地使用权是否属于物权并无明确规定，依据"物权法定"原则，只能说此类林地使用权在法律上并未明确被界定为用益物权。根据前文所述，依据法理和众多学者的论证，本书认同对林地承包经营权之外林地使用权实施物权保护，以利于林地资源的有效利用。因此，在集体林权产权体系中，用益物权是指林地使用权，其中包括土地承包经营权。

4.1.3　担保物权

担保物权也属于他物权的一种，指非所有人对他人所有的物依法享有担保债权实现的权利，可以分为抵押、质押和留置三种形式。担保物权可以增加农村集体资产利用金融市场融通资本的功能，为农业产业发展引入金融资本。目前农村实践中较常见的担保物权形式是抵押权，在家庭承包农地未被赋予抵押权的情况下，林权抵押贷款无疑为农村集体资产抵押探索出一条新路，具有重要的示范意义。林权抵押的抵押物包括有林地、无林地和活立木三种。为了促进林权抵押的发展，中国人民银行、财政部、银监会、保监会、林业局联合出台了《关于做好集体林权制度改革与林业发展金融服务工作的指导意见》，福建、浙江等地也先后制定了规范抵押贷款的法规。除林权抵押之外，其他林权担保物权很少见到，但从理论上分析，应当还存在着其他担保物权，如涉及林权的股份就可能成为林权质押的质押物。

4.1.4　债权

依前文所述，林权是涉及林地林木的一种复合性权利，在林地所有权、林地使用权、林木所有权和林木使用权等四种基本表现形式中，林木使用权是一种债权。因为依据"物权法定"原则，把林木使用权确定为物权缺乏法律依据。另外，把林木使用权从林木所有权中分离出来的实践意义也不大，流转过程中林木使用权主要还是依附于林木所有权，没必要通过物权方法予以保护。除林木使用权之外，在林权流转过程中必然还会出现其他类型的债权。

4.2　集体林权产权制度的缺陷及完善措施

4.2.1　集体林权产权制度存在的缺陷

4.2.1.1　集体所有权性质不清

关于集体所有权的性质，《宪法》《物权法》等法律仅规定集体所有制属于社会主义公有制，但缺乏对集体所有制内涵和性质的明确解释，如《宪法》第6条规定："中华人民共和国的社会主义经济制度的基础是生产资料的社会主义公有制，即全民所有制和劳动群众集体所有制。" 当前我国理论界对此认识差异很大，主要有三种观点。其一是以罗马法所有权理论和大陆法系民法典中关于共同所有权的规定为依据或参照，解释农民集体所有权的本质和内容，这是目前学界比较通行的研究思路（高富平，2007）。其二是援用日耳曼法的"总有"理论和相应规则阐释农民集体所有权（孟勤国，2006）。其三是吸收日耳曼法"总有"概念中的合理因素，并根据罗马法所有权的科学定义方法和思路，对其加以更新而形成新的理论，据以解释农民集体土地所有权这种特殊的共同所有形式。另外，在调研过程中，笔者还发现：珠三角等发达地区的一些农村集体经济组织已将集体资产股份化，并且进行了"固化"改造，即只有固定的成员才能分享集体资产收益，这事实上已成为一种"按份共有"的所有制形态。因此，对于集体所有权的性质，是"总有"还是"共有"，是"共同共有"还是"按份共有"，理论界和实务界均未达成共识。

4.2.1.2 集体所有权主体模糊

现行法律明确了农村集体经济组织是农村基本经营制度的组织基础和实施前提，即农村集体经济组织代表农民集体行使集体所有权，如《宪法》第8条规定："农村集体经济组织实行家庭承包经营为基础、统分结合的双层经营体制。"《农村土地承包法》规定："家庭承包的承包方是本集体经济组织的农户。""农村集体经济组织成员有权依法承包由本集体经济组织发包的农村土地。"但目前有关法律存在以下问题。①农村集体经济组织的含义不明确。首先，名称不统一。"农村集体经济组织"作为一种法律概念，最早出现在1982年《宪法》中。之后的法律基本上沿用了该称谓，但在1986年颁布的《民法通则》和1993年实施的《农业法》中却使用了"农业集体经济组织"。其次，具体存在形态未明确。②农村集体经济组织的法律地位不清。法律中多次出现了"农村集体经济组织"，显然，农村集体经济组织是一类法律主体，但究竟是法人还是其他组织呢？如果是法人的话，到底是哪类法人？法律中并未言明。③农村集体资产经营管理主体的多元化。在《民法通则》《物权法》《农村土地承包法》《土地管理法》《农业法》等多部法律中，村民委员会或村民小组可以替代农村集体经济组织的职能。比如，《农村土地承包法》第12条规定："农民集体所有的土地依法属于村农民集体所有的，由村集体经济组织或者村民委员会发包；已经分别属于村内两个以上农村集体经济组织的农民集体所有的，由村内各该农村集体经济组织或者村民小组发包。国家所有依法由农民集体使用的农村土地，由使用该土地的农村集体经济组织、村民委员会或者村民小组发包。"④农村基本经营制度陷入新的困境。以家庭承包经营为基础、统分结合的双层经营体制，是适应社会主义市场经济体制、符合农业生产特点的农村基本经营制度，是党的农村政策的基石。农村集体经济组织事实上是农村基本经营制度的组织基础和实施前提，但是在统分结合的双层经营体制的实际发展中，实行家庭承包经营责任制以后，农村集体经济组织应该承担哪些"统"的功能，理论和实践都存在认识不清的问题。因此"统"的功能和优势并没得到发挥，集体所有权实际上处于"虚置"状态，出现了"有分无统"和"分多统少"等职能混乱的运行局面（陈剑波，2006）。⑤农村集体经济组织运营形式多样且混乱。由于我国尚无"合作企业法"或者"合作经济组织法"，以合作制为基础的集体经济组织自然也就没有法律地位（章政，2005）。市场经济是法制经济，没有法律身份的集体经济组织在日常经营管理中必然会遇到一连串法律障碍。经调查发现，采用"经济合作社"和"股份经济合作社"的集体经济组织都没有进行工商税务登记，亦不符合工商登记的条件，其法人地位受到市场其他经济主体的质疑。其结果是，用"合作社"的名义无法跟其他经济主体签订经济合同，只好以村（居）委会的名义参与经济活动；集体经济组织无法办理所属资产的产权证明，限制了对资产的经营运作能力;"合作社"既无法在银行开设法人账户,也难以获得银行贷款支持。个别集体经济组织甚至以私人名义在银行开设账户,存放集体资金,出现了个人挪用集体资金、"携款潜逃"现象(陈标金、李大胜,2007)。

4.2.1.3　集体林权权能残缺

集体林权作为一种复合性权利,具有林地所有权、林地使用权、林木所有权和林木使用权等四种基本表现形式,同时还有采伐利用权、资源采集利用权、景观开发利用权、抵押权等综合性权利或衍生权利。集体林权权能包含占有、使用、收益和处分等四项权能。目前集体林权权能残缺主要体现在两个方面。

(1)林地使用权权能残缺。目前,我国林地使用权主要有两种形态:一是林地承包经营权,二是林地承包经营权之外的林地使用权。现有法律对林地承包经营权之外的林地使用权是否属于物权并无明确规定,依据"物权法定"原则,只能说此类林地使用权在法律上并未被界定为用益物权。而对于林地承包经营权,虽然《物权法》已将其明确规范为用益物权,体现了立法上的巨大进步,但对于以家庭形式承包的林地承包经营权流转规制过严。承包分为家庭形式承包和通过招标、拍卖、公开协商等方式的承包。根据《农村土地承包法》第49条的规定:"通过招标、拍卖、公开协商等方式承包农村土地……可以依法采取转让、出租、入股、抵押或者其他方式流转。"而对于以家庭形式承包的林地只规定了转包、互换、出租、股份合作等流转形式,由于只是在农村集体经济组织内部流转,其流转作用有限,而对于转让、入股和抵押三种最重要的流转形式,要么附加条件限制其运用(如《农村土地承包法》第37条规定:"采取转让方式流转的,应当经发包方同意;采取转包、出租、互换或者其他方式流转的,应当报发包方备案"),要么根本未加规定。由于不能抵押,土地向专业户或种植大户集中,实现适度规模经营会非常困难。因为规模经营的生产过程中往往需要较大数额的资金,如果不允许承包经营权抵押贷款,则很可能无法实现真正的规模经营。尽管集体林权的转让、入股和抵押在实践中也大量存在，并且有《中国人民银行、财政部、银监会等关于做好集体林权制度改革与林业发展金融服务工作的指导意见》等政策文件的支持，但毕竟缺乏国家层面的法律依据。

（2）集体林木处分权受到限制。我国林权制度中对处置权的规定是十分具体的，制定了一系列的行政许可制度，规定未经许可，不得随意处置集体林木。这主要是因为集体林具有外部经济性，出于公共利益的考虑，为了增进社会福利，国家通过各种各样的政策、行政许可措施对林业产权进行了相应的限制，这无疑是十分必要的，但规制措施过多也会带来一系列的问题，影响集体林权激励作用的发挥。集体林产权具有约束和激励功能，但由于长期以来比较重视林权规制，直接导致了林业产权的残缺，林农从事林木采伐需要申请采伐许可证、经营加工木材也要取得经营许可证、运输木材要办理木材运输证等，种类繁多的行政控制手段几乎遍布集体林经营的各个环节。林业产权残缺的直接后果是农民的剩余索取权不能对等于剩余控制权，造成了投资激励不足。

4.2.1.4　集体林权登记确权工作滞后

我国《森林法》《森林法实施条例》《林木和林地权属登记管理办法》等涉及林权变动的专门性法律法规并未把登记作为一种强制性的物权变动方式，加之相关政府职能部门不够健全、对登记工作不够重视等主客观原因，造成集体林权登记确权工作存在着以下问题：①尚有林地未登记，未发放林权证或"一林多证"；②林权证样式不规范，原来发放的林权证是各地人民政府自行制作的，内容不规范，制作粗糙，常年疏于建档管理，保存不善；③林权证的核发工作不够规范，部分林权证书填写时，只有地名没有面积；④登记范围不清，或填写面积与实地不符；⑤未及时进行林地、林木权属变更登记，出现了许多有地无证、有证无地的情况。因而在流转中山地权属张冠李戴、界址错乱、"一林多买"的现象屡有发生，引发了许多林权纠纷（徐正春、王权典、景彦勤，2005）。

4.2.2　集体林权产权制度的完善

4.2.2.1　搁置集体所有权性质争议

由于历史原因，我国农村林地林木的产权不够明晰。农村林地林木产权的主要问题在于产权权利体系不完整，以及产权的实现机制不健全。改革开放后，我国城乡土地制度改革选择了所有权和使用权分离的路径，"搁置公有土地所有权明晰化诉求，在公有土地之上创设出私人性质的土地用益物权"（靳相木，2008）。即保持公有性质的城镇土地国家所有和农村土地集体所有权，在所有权下分化出各类用益物权，如土地承包经营权、建设用地使用权、宅基地使用权等。2002 年 8 月出台的《农村土地承包法》肯定了土地承包经营权的土地用益物权的性质；2007 年 3 月出台的《物权法》创新性地建立了中国特色的土地用益物权体系。尽管各类用益物权不属于所有权，但是可以赋予用益物权主体部分所有权的特征，土地用益物权可以成为公民合法拥有的私有财产标的。用土地用益物权制度来界定公有土地利用活动中的私人领域，建立公民个体实现其私人利益的土地利用机制。设立于公有性质土地上的各类土地用益物权，将日益活跃于经济社会生活中，并逐渐取得相对于土地所有权的显要地位。

4.2.2.2　明晰集体经济组织在农村集体经济中的地位

首先，制定专门的"农村集体经济组织法"或"农村集体经济组织条例"，与《村民委员会组织法》《农民专业合作社法》等法律相协调，明确农村集体经济组织的管理体制以及与农村基层政治组织的关系。其次，明晰农村集体经济组织的内涵。为解决实践中出现的农村集体经济组织名称"五花八门"的现象，在立法中可以借鉴广东省和湖北省等地方立法的经验，将农村集体经济组织界定为：原人民公社、生产大队、生产队建制经过改革、改造、改组形成的合作经济组织，包括经济联合总社、经济联合社、经济合作社和股份合作经济联合总社、股份合作经济联合社、股份合作经济社。再次，明确农村集体经济组织是农村集体资产的实际经营管理者。一方面，明晰村民委员会、村民小组等自治组织与农村集体经济组织的性质本质差异，将该类组织与农村集体资产的经营管理活动严格分离。明确农村中国共产党组织对农村集体经济组织的宏观领导地位，但不能干涉农村集体经济组织依法独立进行经济活动的自主权。另一方面，正确协调三级农村集体经济组织之间的关系。最后，确定农村集体经济组织的法律地位及治理结构。将"农村集体经济组织"进行彻底改造，使其具备法人的条件，成为名副其实的法律主体，从而可以顺畅地进行工商登记和税务登记，以便于从事市场经济活动。在赋予农村集体经济组织企业法人地位的同时，应当根据其组织特性建立民主经营管理机制，包括民主选举、民主决策、民主管理、民主监督（杜国明，2010）。

4.2.2.3 赋予集体林权完整的权能

通过法规政策的完善，赋予集体林权占有、使用、收益和处分等四项完整权能。一方面，对于林地使用权，可以从以下几方面进行完善。其一，不仅对林地承包经营权，而且对其他林地使用权实行完整的物权保护。其二，在国家法律层面上，明确规定林地使用权可以采取转让、出租、入股、抵押或者其他方式流转，去除不必要的限制，使林地使用权正常有序流转，从而促进集体林权的流转和林业产业的发展。另一方面，改变政府对林木处分权的过分干预，在平衡好社会公共利益和林权权利人利益的基础上，制定出公平、合理的行政管理政策。

4.2.2.4 规范集体林权登记发证工作

1. 林权登记是林权流转的基础和核心

林权流转的实质是林地林木所有权或其派生权利的转移，其本质是一种物权行为。在流转过程中流转双方的权利和义务都产生了变化，从有效保护交易安全和经营者的利益、对抗善意第三人的角度出发，有必要履行法定程序进行森林资源产权登记。如前文所述，我国林权流转应当确立债权形式主义物权变动模式，而该模式把登记作为林权成立的要件，登记是一项林权成立、变更和消亡的唯一依据。依照我国的司法传统和习惯，林权的登记机关不可能是法院，而只能是行政机关。因此，行政机关做好登记发证服务工作，是规范林权流转的前提和基础，没有良好的林权流转登记，就没有规范的林权流转。

2. 明晰林权流转登记的程序规范

首先，尊重历史和现实，规范登记发证工作。森林资源产权登记工作应分类进行，对不同权属、不同林情的林地或林木登记工作采取不同的形式进行。自留山以林业"三定"时期规定为准，凡已造林或封育并达到成林标准的，林木所有权归农民个人所有，应进行森林资源产权登记和换发证书；承包经营集体山林的，因林地所有权归集体经济组织所有，林权证颁发给集体经济组织，承包者不发林权证；集体林木已经作价转让给其他组织或个人的，林木所有权归受让者，予以登记发证；合资、合作造林的，林木所有权共有，林地权属不变，林权证发给森林资源产权登记的代表人；义务植树栽植的林木归林地所有者所有，并给予登记发证。

其次，明确林权登记变更程序。受让人按照转让合同的规定支付转让金后，应当会同转让人向核发原森林资源所有权或者使用权证书的县级以上人民政府林业主管部门申请办理权属变更登记手续。办理森林资源产权流转变更登记手续应当具备以下条件：①持有流转的森林、林木和林地的林权证；②国有林权流转须持有林业主管部门及同级人民政府国有资产管理部门批准同意流转的批准文件，集体林权流转须持有村民会议或者村民代表会议同意的决议和乡镇人民政府的批准文件；③流转合同；④按规定进行评估的森林资产评估报告。

再次，规范禁止办理登记的情形。有以下情形之一的不予办理森林资源产权变更登记。①森林资源产权流转时发生森林资源产权争议的；②集体林权流转未经本集体经济组织2/3以上成员或村民代表同意的；③国有林权流转未经资产评估和上级主管部门批准同意的；④银行贷款项目、其他贷款造林项目林权流转未明确还贷主体的；⑤超过经营期限签订森林资源产权流转协议的（周树林、李燕、安然，2005）。

4.3 集体林权经营体制选择

4.3.1 理论争议

集体林权经营体制选择是集体林权改革的重要内容，直接关系到农村基本经营制度的稳定和完善、农民增收、生态建设和现代林业发展。《中共中央、国务院关于全面推进集体林权制度改革的意见》提出，用 5 年左右的时间基本完成"明晰产权、承包到户"的改革目标，对不宜实行家庭承包经营的林地，可以通过"均股、均利"等其他方式落实产权。可以看出，该文件主张采用家庭承包经营的方式来明晰产权，只有在实行家庭承包经营困难的情况下才选择"均股、均利"或者统一经营等集体经营方式。实践中，最突出的争议在于是否"分山"，即到底要不要采用家庭承包经营方式。那么，这两种集体林权经营方式应该如何选择？是否还有其他更好的经营方式？哪种经营方式更适合中国集体林权产权现状？对此，学界争论由来已久，基本上形成两种观点。

一部分学者支持采用家庭承包的经营方式。他们认为，农户经营林业的积极性不高、集体林生产力低下等问题完全是由于集体林权的模糊不清所致，进而认为只要林权明晰，林业经营效率就会提高，于是就认为"分林到户"改革必然会激励林农经营林业的积极性。从产权理论上讲，家庭经营比集体经营效率更高。原因在于集体生产经营是一种团队生产，最终产出物是一种共同努力的结果，每个成员的个人贡献不可能精确地进行分解和观测。因此，不可能按照每个人的真实贡献来支付报酬，这就导致了一个问题，即团队成员缺乏努力工作的积极性，进而可能导致团队生产的效率反而不及分散的个人生产的效率高。而团队生产的另一个问题还在于监督和计量的困难。在团队生产条件下，虽然可以通过观察每个团队成员的工作活动来测度其生产率的高低，但是，如果由团队成员相互监督彼此的活动，其成本也是相当高的。如果指派一名团队成员来专门监督和指导所有其他成员的活动，也许会在监督方面产生规模经济。但是，除非监督者本身也受到监督或通过其他方式得到激励，否则监督者也会偷懒。由于不可能无穷尽地给每个监督者都安排一个监督者，所以团队生产中的低效率似乎难以避免。集体生产由于无法解决"搭便车"问题，无法保证实现对个人努力的激励或者说实现这种选择性激励的成本太高，其结果是个人没有为增进集体利益而努力工作的内在动力，在没有外力强制的情况下，集体将趋于解体。由此可以得出家庭式经营效率更高的结论（陈定洋，2005）。

另一些学者主张采用集体统一经营的经营方式。他们认为，个体农户家庭的林业生产经营组织形式在获取并处理市场信息等方面的能力明显不足，同时又受到资金、技术等方面的限制，生产经营规模小，林业生产周期长，使得农户抗风险的能力不足，农户经营林业的收益就会很低（曾玉林，2007）。从调查所反映的情况看，农户从林业经营中所获取的收入占家庭经营收入的比重很低，只占10%～15%。虽然家庭经营具有委托—代理内置化等优势，但是由于林地细碎化以及农户家庭经营林地面积小，增加了农户林业经营管理的成本，使农户难以实现规模效益，从而制约了农户经营林业的积极性（刘璨等，2007）。可见，林业家庭经营所固有的经营风险，以及家庭经营与林业规模化经营要求的冲突制约了农户经营林业的积极性，从而降低了林业家庭经营的效率。由此得出结论，林业家庭经营不适合林业规模经营的特点，或者说，林业的集体经营比家庭经营效率更高（谭世明，2009）。

4.3.2 理性选择

集体林经营方式的选择，首先要确定选择的标准，进而通过评判标准来作出理性选择。

4.3.2.1 选择标准

选择集体林经营方式的主要目的不仅是为了解决集体林权主体不清晰的问题，而且还要解决通过确权实现集体林资源的优化配置问题，简单地讲，就是要解决确权到户的公平与效率的关系问题（李周，2008）。既要做到确权分配的公平，又要做到在确权到户后能促使林业经营效率有显著提高。因而，处理公平与效率的关系就成为选择集体林经营方式的基本标准。

1. 公平标准

公平作为一种利益关系反映在社会的政治、经济、文化等各个层面。经济学意义上的公平主要是指在社会经济活动中，每一个公民都有相对平等的机会支配社会经济资源，有同等的机会参与社会经济事务（李航舟，2006）。它包括三个层次。

一是起点公平，或称机会均等，即在经济活动之前，每个成员参与社会经济活动的机会是均等的，对社会经济资源具有同等的支配权。起点公平主张的是经济活动的机会和规则的平等。机会和规则的平等并不保证人们财产和收入的平等，而只是维护人们有对等的权利进行生产经营活动。它的产权基础是适应市场经济需要的排他性的产权制度安排（李松龄，2004）。二是过程公平，或称规则一致，它强调每个经济主体必须遵循相同的游戏规则参与经济活动，强调平等竞争。过程公平实质上就是规则的公平，即要有一套公平的社会制度规则，使得经济主体在经济活动过程中接受相同的制度规则调整和约束。三是结果公平，或称报酬适量，即所有人的劳动都是平等的，等量劳动换取等量报酬，等量资本换取等量收益（刘艳、高兴民，2005）。结果公平主张的是财产和收入权利上的平等，结果公平包括收入均等化意义上的公平与生产资料占有意义上的公平。因此，结果公平的产权基础也就由排他性的产权制度与非排他性的产权制度构成。

2. 效率标准

经济学意义上的效率是指有效利用资源的程度，主要是资源的配置状况。因此，资源的有效配置是衡量效率高低的根本标志。它包括三个方面：一是投入产出效率，指资源投入与生产产出之间的比率，要求产出要大于投入；二是帕累托最优效率，即社会资源的配置至少要使某一个人的福利增加而不会使另一个人的福利减少；三是社会整体效率，即社会生产要提高社会全体成员的生活质量，能促进社会发展的能力提高（刘艳、高兴民，2005）。选择集体林经营方式的效率主要体现在"增量、增收、增效"三方面，即要有利于森林资源的总量增长和质量提高，也要有利于林农的增收，并有利于促进林业和林区的经济发展。"增量"原则要求通过明晰权属，合理配置森林资源，提高资源利用效率，实现森林资源数量增加和质量提高（刘璨等，2007）。"增收"原则主要是指林农在拥有林地使用权和林木所有权后，可充分利用林地等林业生产资料，搞活经营，充分就业，在短期成长期内实现林业经营水平的大幅提高，从而持久地提高农民的收入水平。"增效"原则是指在林权改革中始终要保证森林的生态、经济和社会效益的统一，通过改革来促进林区社会经济的和谐发展（王文烂，2008）。

3. 公平与效率的关系

公平与效率的关系，从短期看，是既相互对立又相互联系的矛盾统一体。从长期看，二者又是一致的，双方互为因果，互为条件，真正的公平是高效率的基本前提，真正的高效率会促使经济发展确立更高水平的制度公平和起点公平。没有效率的公平和没有公平的效率从来就不存在或不可能长久存在（李航舟，2006）。一个和谐稳定的制度体系一定是公平与效率之间达到某种程度的一种制度均衡（谭世明，2009）。

4.3.2.2 基本结论

"分股不分山、分利不分林"的集体山林经营方式，已被实践证明是集体统一经营山林的最好方式，并已在广东、福建一些地区被广泛采用。家庭承包经营方式也被理论界普遍认为是承包经营方式中最适合我国国情的经营方式。那么，这两种具有代表性的经营方式究竟如何选择呢？笔者认为，两者都是我国集体林权改革的重要选项。

1. 两种经营方式都可以实现公平：产权明晰

选择集体林权经营体制首先要实现公平。公平意味着产权明晰，即农民集体与农民之间的责、权、利的清晰配置。一方面，家庭承包经营方式将集体林地、林木直接分配到每个家庭，即"确权到户"，无论是林地使用权还是林木所有权都做到了直观、清晰配置。另一方面，"均股、均利"的集体经营方式尽管没有直观地将集体林地、林木直接分配到每个成员，但是集体林权作为一个整体也被清晰地配置到每个成员。两种经营方式都可以实现"产权明晰"的公平目标，但两者实现公平的过程均存在着制约因素。其一，家庭承包经营方式要做到"分得公平"。由于山林的差异性和技术手段落后等原因，很难做到"分得公平"。其二，"均股、均利"的集体经营方式实现公平的最大障碍是如何监督村集体干部。由于集体山林统一经营，村集体干部往往掌握着较大的经营管理权，如果内部监督管理机制不健全，就极易出现村集体干部因谋私利而损害集体利益的情况。

2. 两种经营方式都可以实现效率：规模经营

林业产业发展具有周期长、风险大、收益慢的特点，要实现集体林经营的"增量、增收、增效"的效益目标，只有通过规模经营的方式，才能有利于森林资源的总量增长和质量提高，有利于林农的增收，有利于提高林业和林区的经济发展。一方面，集体统一经营由于集体山林并未直接分配给农户，当然可以进行规模经营。另一方面，家庭承包经营方式同样可以实现规模经营。实现的途径有两条：其一，在人少林多的地方，每户家庭承包经营的山林面积本来已经很大，自然可以实行规模经营；其二，尽管每户家庭承包经营的山林面积较小，但可以通过转让、出租、入股等流转方式实现规模经营。

4.3.3 案例分析：来自广东省的实践

4.3.3.1 广东省林改试点中的做法

1. 政策指导文件

2007 年 8 月 23 日，广东省委、省政府出台了《关于推进集体林权制度改革的意见》，明确在始兴县、博罗县、四会市先行开展试点工作。其中，对于明晰产权的改革，提出在坚持集体林地所有权不变的前提下，经村民会议过半数以上或村民代表会议 2/3 以上成员同意后，可依法将集体林地使用权和林木所有权通过均股、均利等方式，落实到农户，确立经营主体地位。明晰产权后，要依法进行林权勘界、登记，核发全国统一式样的林权证，做到图、表、册一致，人、地、证相符。并针对不同经营方式提出以下改革方案。

①自留山。稳定不变，长期无偿使用，允许继承。

②责任山。保持承包关系稳定不变，承包期为 70 年。承包期内，山上林木归责任山承包人所有，允许继承。面积和四至界线不清的，要在改革中界定清楚，换发林权证；原来已换发林权证的，保持不变。

③集体统一经营的山林。采取"均股、均利"等形式落实到农户。可继续实行集体统一经营，将现有林地、林木折股均分给集体经济组织内部成员；可在集体经济组织内通过公开招标、租赁、转让、拍卖等方式依法流转。对拟列入开发利用计划的园地和 25 度以下的山坡地不均股、均利到农户，继续由村集体经济组织依法实行民主经营管理。

经政府区划界定为生态公益林和已划入自然保护区、森林公园、风景名胜区的集体山林，以及农民比较满意的集体林场、联办林场采取均股、均利的经营方式，维持其经营主体不变。珠江三角洲和有条件的地区可通过法定方式将自然保护区和界定为生态公益林的集体林地逐步收归国有。

采取均股、均利的经营方式和依法流转的集体山林所得收益的 70% 以上均分给集体经济组织内部成员，其余用于集体公益事业；生态公益林效益补偿按国家和省有关规定执行；集体土地所有者出让、出租集体建设用地使用权取得的收益，其使用按照《广东省集体建设用地使用权流转管理办法》（省政府令第 100 号）有关规定执行。因涉林收入返利于民后年纯收入低于 3 万元的村委会，其

"两委"干部补贴列入《中共广东省委办公厅、广东省人民政府办公厅关于印发〈广东省贫困村"两委"干部补贴方案〉的通知》（粤委办〔2005〕54号）、《中共广东省委办公厅、广东省人民政府办公厅关于继续执行〈广东省贫困村"两委"干部补贴方案〉的通知》（粤委办〔2007〕124号）规定的补贴范围。

　　④流转的集体山林。凡已规范流转的集体山林，要保持稳定；对没能实现规范流转的集体山林，要本着尊重历史、依法办事的原则，进一步完善，妥善处理。

　　2. 试点成效

　　广东省林改试点工作涉及始兴、博罗、四会等三个市（县）的41个镇，涉及集体林地529.25万亩和105.44万农民。经过两年多的试点工作，三个试点市（县）在"明晰产权"方面主要完成了以下工作。其一，不盲目推进"确权到户"，而是严格"尊重民意"，由农民自己决定集体山林的经营方式。其二，依法进行林权勘界、登记，核发或换发了全国统一式样的新林权证，并积极推动对集体统一经营林地的"均股"工作。从实践效果来看，首先，由于采用了"温和"的改革思路，林改试点工作顺利完成，集体山林的经营方式基本保持了林改前的状况，集体统一经营的林地比例依然很大（见图4-3）；其次，所有权林权证和股份权益证书发证率全部超过90%，甚至达到100%（见表4-1）。

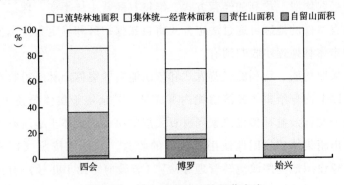

图4-3　三个试点地区的经营方式

表 4 - 1 林权证和股份权益证书发证率

单位：%

	四会	博罗	始兴	平均
林地所有权林权证发证率	97.3	98.1	95.7	97.0
林地使用权林权证发证率	97.0	89.4	95.5	94.0
股份权益证书发证率	100	95.3	91.9	95.7

3. 广东特点

第一，因地制宜，因林制宜。从广东省的指导文件可以看出，广东省林改实行了一条不搞"一刀切""务实""温和"的改革路线。这与中央林改文件强调主要以采用家庭承包经营的方式来明晰产权的思路不太一致。广东省的林改思路充分考虑山林的现有状况，以保持原有经营方式不变为基本原则，在区分自留山、责任山、集体统一经营林地、已流转林地等不同状况的基础上，实行"一村一策""一组一案"，由农民集体来选择具体的经营方式。

第二，重视农民合法权益的保障。一方面，保障农民的决策权。强调集体林改实施方案，包括集体山林经营方式选择，必须经村民会议过半数以上或村民代表会议 2/3 以上成员同意后才可实施。另一方面，保障农民集体收益的分配权。采取均股、均利的经营方式和依法流转的集体山林所得收益的 70% 以上均分给集体经济组织内部成员，其余用于集体公益事业。以政策的强制力来规范农民个体的最小分红比例以及集体收益的用途。

第三，把登记发证作为明晰产权的根本。长期以来，我国集体林权领域存在的产权不清、纠纷不断等问题，都与登记发证的基础工作没做好有极大关系。因此，广东省在政策中强调要依法进行林权勘界、登记，核发全国统一式样的林权证，做到图、表、册一致，人、地、证相符。为了保证该工作的顺利开展，始兴、博罗、四会等三个市（县）均大力落实了勘测人员、编制和经费，特别是四会市率先应用集体林权管理信息系统（GIS），从技术角度来提升登记发证工作效率。

第四，重视集体统一经营山林的"均股"工作。对继续实行集体统一经营的，将现有林地、林木折股均分给集体经济组织内部成员，即采取均股、均利的形式落实到农户。并且强调把林权证的发证与股份权益证书的发证相结合，同时推进集体统一经营山林与明晰产权工作的顺利开展。

第五，兼顾社会利益和生态利益。其一，考虑山区未来的社会发展用地问题，规定对拟列入开发利用计划的园地和25度以下的山坡地不均股、均利到农户，继续由村集体经济组织依法实行民主经营管理。这样可以便于今后的征地工作。其二，生态利益的保护。规定经政府区划界定为生态公益林和已划入自然保护区、森林公园、风景名胜区的集体山林，以及农民比较满意的集体林场、联办林场采取均股、均利的经营方式，维持其经营主体不变。其三，维护其他已流转林权主体的合法权益。规定凡已规范流转的集体山林，要保持稳定；对没能实现规范流转的集体山林，要本着尊重历史、依法办事的原则，进一步完善，妥善处理。

4.3.3.2 林农经营方式决策模型

1. 模型建立

（1）决策基础。

为了进一步分析和判定影响林农决策的主要因素，本书建立了林农经营方式决策模型。如图4-4所示，林农在确权决策时，要考虑三方面的因素。首先是基本因素，即本村组林地的数量与质量、当地经济社会发展情况以及家庭或个人（如劳动、收入等）等因素的影响，这些因素对于林农决策起到了基础性作用，这些因素相对于一个特定的村组或社区来说，是相对稳定的，或者说，林农在确权决策时面临的共同条件和背景是相对稳定的。其次，林农在确权决策时，重点要考虑的是本村组或社区现有的制度存量，包括构成林权外在制度的国家森林法律、林业行政法规、地方林业规章、林业政策文件和构成内在制度的集体内部章程、伦理以及各种习惯习俗等。其中，以国家为主导来推动的强制性改革和以村民为主体所进行的诱致性变迁相互作用、相互影响，影响的程度取决于外在强制制度与内在诱致制度二者变迁力量的较量。

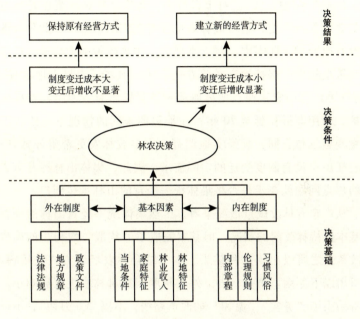

图 4 - 4　林农经营方式决策因素分析

（2）决策条件。

林农选择集体山林经营方式的过程，就是一个重新界定产权的过程，但是，产权界定需要付出成本，这种成本就是制度变迁的成本。林农决策时，首先要分析基本因素、外在制度和内在制度等决策影响因素；其次，在分析各种影响因素的基础上，通过判断制度变迁的成本是否过大以及变迁后的制度能否带来超过原有制度的收益来决定是否采用新的制度模式。如果制度变迁成本大且制度变迁后增收不显著，林农选择保持原有经营方式不变；如果制度变迁成本不大且制度变迁后增收显著，林农则选择建立新的经营方式。

2. 结果分析

在广东省集体林权改革中，主要涉及自留山、责任山、集体统一经营山林等几种经营方式（主要包括"均股、均利"和不"均股、均利"两种方式）。对于自留山，无论是中央政策还是地方政策都要求保持不变，且一般林农也没有改变的意愿，故此种经营方式没有改变的实际需求。对于责任山，中央政策强力推进，广东省的政策也倾向于保持原有经营方式不变，加之《农村土地承包法》《物权法》等国家法律也把林地承包经营权作为一种用益物权加以保护，使用期最长延至 70 年，在承包期未到的情况下，依法不能随意变更承包合同，且经实地调查，大多数林农更希望分林到户，故责任山也没有制度变迁的实际需求。因此，集体山林经营方式改变的焦点问题就在于是否将集体统一经营的山林承包到户。

从广东省林改试点情况来看，虽然集体统一经营山林的经营方式基本保持林改前的状况，但基本完成了"均股、均利"的确权方式改革。之所以出现这种结果，本书结合林农经营方式决策模型，分析出以下原因。第一，内、外在制度因素对林农决策影响小。广东省采用了"务实""温和"的改革路线，不搞"一刀切"，不强制推动林地承包，由农民集体民主选择经营方式，强调集体林改实施方案必须经村民会议过半数以上或村民代表会议 2/3 以上成员同意后才可实施。第二，"均股、均利"的集体统一经营方式在林改中得以完善。把林权证的发证与股份权益证书的发证相结合，同时推进，以保证"均股、均利"能够落实。并且规定采取均股、均利的经营方式和依法流转的集体山林所得收益 70% 以上均分给集体经济组织内部成员，以切实保障林农的分红权。第三，林地承包制度变迁成本过大。广东省三个林改试点市（县）集体统一经营林地面积为 267.32 万亩，而林业人口为 69.43 万人[①]，即人均林地面积仅为 3.85 亩，而且这部分林地面积中还包括生态公益林面积，生态公

————————

① 广东省林业局内部资料。

益林面积已不允许承包到户。20世纪80年代初,广东省集体林区在落实林业"三定"时,曾经按照"大包干"的模式,集体山林一律按"好、中、差""近、中、远""幼、中、成""杉、松、杂"等不同标准切块搭配,"一拉平"的方法分给农户,形成"西瓜山""一主多山,一山多主"的格局,不仅很难"分得公平",而且产生了大量林权纠纷。第四,责任山的收益并未高于集体统一经营山林。以四会市贞山街道10个村的调查为例,其中柑榄、姚沙、独岗、大圳4个村全部山林采用集体统一经营方式,坑口、金星、光荣、白龙、龙头、龙滩6个村全部山林承包到户。在2009年,柑榄、姚沙、独岗、大圳4个村的人均林业收入平均为921元;而坑口、金星、光荣、白龙、龙头、龙滩6个村的人均林业收入平均为864元。从上述数据可见,责任山的经营收益并未高于集体统一经营山林,而且还低了6.2个百分点。第五,林农选择林地承包的意愿不强烈。这主要是由于林业收入占林农收入的比例不高且人均林地面积较小导致的。还是以四会市贞山街道10个村为例,林业收入占林农总收入的平均比例仅为13.1%,人均林地面积仅为3.72亩(见表4-2)。

表4-2 贞山街道林业收入状况

村级集体名称	林业用地面积(亩)	村集体农业人口(人)	林地经营方式	收入情况(万元)		林业收入所占比例(%)		林业收入情况(万元)	
				集体	个人	集体	个人	集体	个人
柑榄	13568.9	2780	集体统一经营	71.9	0.7121	20	13.3	14.38	0.0947
姚沙	1554.5	1800		99.9	0.6955	0.5	13.4	4.995	0.0932
独岗	4648.5	3950		46.2	0.7235	10	14.1	4.62	0.1020
大圳	9551	2150		44.6	0.6655	20	11.8	8.92	0.0785
坑口	4900	1890	责任山	18.3	0.665	10	13.5	1.83	0.0898
金星	2368	3110		67.5	0.6681	0.2	12.1	1.35	0.0808
光荣	4237.5	1980		12.8	0.6561	10	13.2	1.69	0.0866
白龙	12431.5	2450		31.1	0.6625	20	14.1	4.45	0.0947
龙头	23441	3580		75	0.6721	20	12.2	15	0.082
龙滩	11614	2200		13.6	0.6435	10	13.1	1.36	0.0843

4.3.3.3 本书观点："均股、均利"的集体山林经营方式更适合广东省的实际

20世纪80年代以来，以农村家庭承包经营为主的改革思路在集体林发展中并没有出现像农地制度变迁那样令人鼓舞的情形，尽管林业改革也进行了不少的尝试，但至今仍未见奇迹出现。集体林改革的实践再一次证明，在一个社会或行业被证明是有效的产权制度，在其他社会或行业未必就有效。产权经济学研究表明，产权的运行必须遵循产权制度的内在规律，产权的各项权能要依据效率的原则进行自由分解和组合，以形成最有利于资源配置和效益最佳的权能结构。因此，集体林权制度改革不能硬套农业改革的模式，通过上文分析，笔者认为，"均股、均利"的集体山林经营方式更适合广东省的实际。原因在于以下几方面。

第一，"均股、均利"的集体山林经营方式可以实现公平。通过健全农村集体经济组织治理结构，规范内部管理和监督机制，使"均股、均利"的集体山林经营方式完全可以像家庭承包经营方式一样实现产权明晰的公平目标。

第二，"均股、均利"的集体山林经营方式更易实现规模经营。

其一，广东省的实践已证明"均股、均利"的集体山林经营方式更易实现规模经营。广东人均林地面积较小，以三个林改试点市（县）为例，人均林地面积仅为3.85亩。因此，通过家庭承包经营方式直接实现规模经营显然不可能，通过转让、出租、入股等流转方式实现规模经营可能性如何呢？据四会市的统计，集体统一经营林地面积为56.07万亩，流转面积为13.55万亩，流转率为24.17%；而责任山面积为29.49万亩，流转面积为1.97万亩，流转率仅为6.68%。由此可见，家庭承包经营方式更难实现规模经营。其二，家庭承包经营方式实现规模经营的成本远远大于"均股、均利"的经营方式。"均股、均利"的经营方式可以直接实现规模经营，制度变迁成本非常小，而家庭承包经营方式要经历"分"和"联"两次变迁成本，尤其是"分"的成本过大。

第三，农民集体统一经营具有资金、技术、信息和抗风险能力强等多方面的优势。个体农户家庭的林业生产经营组织形式在获取并处理市场信息等方面的能力明显不足，同时又受到资金、技术的限制，生产经营规模小，林业生产周期长，使得农户抗风险的能力不足，农户经营林业的收益就会很低。相反，家庭承包经营方式使农户难以实现规模效益，林业家庭经营所固有的经营风险，以及家庭经营与林业规模化经营要求的冲突制约了农户经营林业的积极性，从而降低了林业家庭经营的效率。

第四，"均股、均利"的集体山林经营方式已克服原有集体统一经营的弊端。一些学者认为，集体经营容易产生"难以监督""缺乏激励""产生偷懒行为"等弊端。但笔者认为，"均股、均利"的集体山林经营方式已不同于原有改革开放前的集体统一经营，并非所有的成员都要参与经营，完全可以根据实际情况，采取出租、转让、入股等不同经营形式，以实现林地林木的最大效益。

4.4　集体林权流转的物权变动模式选择

物权变动模式关系到物权的设立、变更和终止，是集体林权产权制度的重要组成部分。正如前文所述，林权并非纯粹的物权，就我国目前林权的四种基本表现形式而言，林地所有权、林地使用权和林木所有权应当属于物权，而林木使用权属于债权。因此，本部分讨论的物权变动模式是指林地所有权、林地使用权和林木所有权三种形式的林权。对于林木使用权的流转变动应由债权变动规范来调整。

4.4.1　我国物权变动的制度考察

4.4.1.1　物权变动模式

在物权法理论中存在三种不同的物权变动模式：债权意思主

义、物权形式主义、债权形式主义。①债权意思主义，指物权变动仅依当事人之间的债权合意就可以实现，不需要任何外在的形式。不动产物权移转的登记或者动产物权移转的占有，系对抗要件，不存在独立于债权合意之外的"物权合意"。此种模式以法国和日本为代表。②物权形式主义。依此主义，买卖标的物所有权的移转，除需要有买卖契约、交付或登记行为外，还需要当事人就标的物所有权的移转达成一个独立于买卖契约的合意，即物权合意和登记相结合的物权行为，才能产生物权变动。概言之，依法律行为的物权变动如所有权的合同买卖，须有债权契约、物权合意和登记或交付三个必备要素，此三要素对物权变动的结果所发挥的作用具有不同的意义，且三个要素间的关系有着与法国意思主义不同的理论解释。此种模式以德国和我国台湾地区为代表。③债权形式主义。债权形式主义是对债权意思主义和物权形式主义的折中，指物权因法律行为发生变动时，当事人间除有债权合意外，还需履行登记或交付的法定方式才能发生效力。虽然原则上要求以交付或登记行为作为标的物所有权移转的表征，但并不承认所谓物权合意的存在，物权变动法律效果的发生是债权合同这一法律行为与交付或登记这一事实行为相结合而产生的结果，债权合同是所有权移转的内在动力和根本原因。瑞士与奥地利采取债权形式主义模式。

4.4.1.2 现行法律体系物权变动的基本模式

我国《物权法》原则上采债权形式主义，当事人的合意仅发生债的效力，与登记、交付的公示方法相结合才共同发生物权变动的效力。《物权法》第14条规定："不动产物权的设立、变更、转让和消灭，依照法律规定应当登记的，自记载于不动产登记簿时发生效力。"这便是登记生效规则的法律规定。较之以前的《担保法》等法律，《物权法》的主要变化在于，明确了登记生效规则也适用于不动产抵押权的设定（第187条）、建设用地使用权的设定（第139条）。由此，《物权法》统一了不动产登记生效规则，使其原则上适用于土地使用权、房屋所有权转让和设定抵押权等一切变动行为。在债权形式主义的模式之下，合同的效力与登记的效力发生分离，即所谓债权形式主义之下的"区分原则"。我国《物权法》第15条规定："当事人之间订立有关设立、变更、转让和消灭不动产物权的合同，除法律另有规定或合同另有约定外，自合同成立时生效；未办理物权登记的，不影响合同效力。"合同一经成立，只要在内容上不违反法律的禁止性规定和公序良俗，就可发生效力。如果当事人之间仅就物权的变动达成债权合意，而没有办理登记，合同仍然有效。只不过当事人之间在性质上仍然只是一种债权关系，并没有形成物权关系，此时产生的只是债权，不能产生物权变动的效果。区分原则的意义在于（马特，2007），第一，有利于区分合同关系和物权关系。登记仅针对权利的变动而并不针对合同行为本身，在登记之前，当事人就不动产的移转已经达成了合意，合同关系已经成立并生效。第二，有利于确立违约责任。如果一方在合同成立之后拒绝履行登记义务，由于合同已经成立并生效，此种拒不履行登记义务的行为构成违约，应当承担相应的违约责任。如果合同的效力系于登记，则出卖人拒不办理登记时只负缔约过失责任，而缔约过失责任较之违约责任过于轻微，对于已达成合意的相对人显然有失公平。违约责任的制裁效果，对于出卖人"一物数卖"行为具有抑制作用。例如，房屋买卖合同订立后，当事人须在一定期限内申请变更登记，这是合同效力对双方的约束。第三，有利于强化登记制度的保护作用。在买卖不动产的情况下，登记已经构成出卖人的一项重要义务，如果一方在合同成立之后拒不履行登记义务，则另外一方基于有效的合同可以行使登记请求权。并且其买卖合同债权还可以通过预告登记制度得以公示，从而强化债权的效力，对抗"一物二卖"中的第三人。

4.4.1.3　现行法律体系物权变动的例外模式

登记对抗主义模式之下的不动产物权变动，不登记不得对抗第三人。我国《物权法》以法律特别规定为限采取登记对抗主义。

登记对抗主义意味着不登记当事人也可取得物权，一旦第三人因登记取得物权或享有优先于受让人的权利，那么已经取得的"物权"应当让位于登记权利人或享有更优先权利的人。登记对抗主义的适用范围主要包括以下三种情况。第一，土地承包经营权。我国《物权法》第127条规定："土地承包经营权自土地承包经营权合同生效时设立。县级以上地方人民政府应当向土地承包经营权人发放土地承包经营权证、林权证、草原使用权证，并登记造册，确认土地承包经营权。"第129条规定："土地承包经营权人将土地承包经营权互换、转让，当事人要求登记的，应当向县级以上地方人民政府申请土地承包经营权变更登记；未经登记，不得对抗善意第三人。"该条款源自我国《农村土地承包法》第38条的规定："土地承包经营权采取互换、转让方式流转，当事人要求登记的，应当向县级以上地方人民政府申请登记，未经登记，不得对抗善意第三人"。第二，宅基地使用权。《物权法》没有明文规定宅基地使用权的设定和变更是否必须登记，仅在第155条规定"已经登记的宅基地使用权转让或者消灭的，应当及时办理变更登记或者注销登记"。关于该登记的效力属于登记生效还是登记对抗，依通说应解释为登记对抗主义。因为所谓"已登记"的宅基地使用权，其背后隐含的意思是承认"未登记"的宅基地使用权。且《物权法》第153条规定："宅基地使用权的取得、行使和转让，适用土地管理法等法律和国家有关规定"，而我国《土地管理法》第38条规定："农村居民建住宅，应当使用原有的宅基地和村内空闲地。使用耕地的，经乡级人民政府审核后，报县级人民政府批准；使用原有的宅基地、村内空闲地和其他土地的，由乡级人民政府批准。"不难看出，农村集体的宅基地使用权，如非耕地，经乡级人民政府批准后即可取得，无须以登记为要件。第三，地役权。我国《物权法》第158条规定："地役权自地役权合同生效时设立。当事人要求登记的，可以向登记机构申请地役权登记；未经登记，不得对抗善意第三人。"地役权采取登记对抗主义的理由在于，地役权是在相邻关系之外所设定的利用他人不动产并提高自己不动产权能的用益物权，地役权关系主要发生在两个权利人之间，一般不涉及第三人，在发生第三人侵害土地权利的情况下，主要是对土地所有权及使用权的侵害。因此，地役权可不登记。

4.4.1.4 专门法律中的林权物权变动模式状况

我国涉及林权变动的专门性法律法规主要有《森林法》《森林法实施条例》《林木和林地权属登记管理办法》等。这些法律法规中多次出现了"确认"所有权或使用权的表述，可见于《森林法》第3条，《森林法实施条例》第3条、第4条、第5条、第6条和《林木和林地权属登记管理办法》第2条、第6条、第7条等条款。例如，《森林法》第3条规定："国家所有的和集体所有的森林、林木和林地，个人所有的林木和使用的林地，由县级以上地方人民政府登记造册，发放证书，确认所有权或者使用权。"从"确认"二字可以看出：如果林权登记了，则可证明该林权的存在；如果未登记，也不能说该林权肯定不存在。因此，这些专门法律并未把登记作为林权成立的要件，体现出债权意思主义的物权变动模式。

4.4.2 我国的合理选择

我国并未承认物权行为的存在，现行法律对交付、登记等物权变动要件的规定，主要是出于公示的要求，不能将其作为物权行为存在的依据，这在学界已达成共识。因此，我国没有实行物权形式主义物权变动模式的基础。在综合考虑我国国情、司法实践等情况的基础上，笔者认为我国林权流转的物权变动采取债权形式主义较为妥当，理由如下。

4.4.2.1 我国现行立法基本确立了债权形式主义模式

《物权法》第14条规定："不动产物权的设立、变更、转让和消灭，依照法律规定应当登记的，自记载于不动产登记簿时发生效力。"可见，我国《物权法》原则上采取债权形式主义，当事人的合意仅发生债权变动的效力，与登记、交付的公示方法相结合才共同发生物权变动的效力。《物权法》统一了不动产登记生效规则，使其原则上适用于土地使用权、房屋所有权转让和设定抵押权等一切变动行为。

4.4.2.2　理论界学者普遍支持

根据王轶教授的研究，债权形式主义变动模式应为我国物权立法的较佳选择。因为这一模式既有债权意思主义物权变动模式与物权形式主义物权变动模式的优点，同时又克服了两者的缺点（曹务坤，2007）。

4.4.2.3　林地的物权保护应当重于一般耕地

林地与耕地有很大的不同，相对耕地来讲林地有如下特点。①林地具有很强的外部性，即生态保护的公益功能。②它的投资周期长，如柑橘的投资要三年以后才能挂果，林木的收益则长达二十多年，一代人一般只能收益一次，最多两次。③规模经济更加明显。中国的耕地因人地关系紧张，主要种植高劳动投入的作物，资本投资量不大，而山地由于其投资额大，在小块地上进行这样的投资是不划算的。④人力资本的要求更高。种植业主要依靠传统经验，农户之间也容易交流，而山地作物的种植对技术和人的能力要求也更高。⑤林地上的权利内容比耕地更复杂，同一林地上的林地所有权，林地使用权，林木所有权、使用权，可能同时属于不同主体。所有这几个方面都决定了除非对林地的权利安排要有更稳定的保障，对林权要有很强的公示性，否则农户是不会轻易投资的。登记是最好的公示方式，具有极大的公信力，投资者容易信赖。另外，从法律适用上看，《森林法》等林权专门法律对于《物权法》《农村土地承包经营法》来讲是特别法，法的适用效力特别法优于普通法，完全可以变更现有农地债权意思主义的物权变动模式。

4.4.2.4　集体林权改革已为采取债权形式主义模式创造了良好条件

近年来，在全国范围内开展的集体林权改革，以明晰产权为核心目标，在坚持集体林地所有权不变的前提下，依法将林地承包经营权和林木所有权,通过家庭承包方式落实到本集体经济组织的农户,确立农民作为林地承包经营权人的主体地位。在明确承包关系后,依法进行实地勘界、登记,核发全国统一式样的林权证,做到林权登记内容齐全规范,数据准确无误,图、表、册一致,人、地、证相符。各级林业主管部门应明确专门的林权管理机构,承办同级人民政府交办的林权登记造册、核发证书、档案管理、流转管理、林地承包争议仲裁、林权纠纷调处等工作。目前,全国大多数省份已完成了林改工作,林权证发证率都在 90% 以上,基本完成了覆盖全国的林权登记工作。因此,林改工作为林权采取债权形式主义变动模式创造了良好的条件。

4.4.2.5 保障林权流转交易安全的需要

从流转安全价值目标看,林权流转应该采取债权形式主义,林权是重要的物权,是对世权,具有排他性,林地承包经营权的期限是 70 年并且可以延长,比耕地承包经营权的期限 30 年要长得多,并且可以继承。所以,它的变动要以他人和社会认可为前提。如果采用债权意思主义变动模式,首先林权流转后,如果并未将变动的事实通过登记的方式予以公示,他人比较难以了解到林权的变动事实,第三人可能因此受到损害;其次,会导致"一林多买"现象的产生,林权争议与矛盾由此产生;再次,林权流转的主体具有开放性。社会各种主体都可参与林权流转,并不像耕地承包经营权一样限于本集体成员。集体外的主体对林权状况、林地界址不熟识,只能靠林权登记和林权证来获得确认;即使是本集体的成员,由于我国当前农民外出务工多,一般常年在外,或者时间久远对本集体的林权变动情况也不是很了解。林权流转采取债权形式主义模式,林权状况更为清晰透明。

总之,林权流转中物权变动采取债权形式主义模式,有利于林权流转秩序的稳定,有利于保护第三人的利益,有利于林业效率的提高,更有利于防止和减少因林权流转而发生的纠纷(杜国明,2011)。

4.5 小结

本章研究的主要结论是如下：第一，我国林权的产权体系结构由物权（包括所有权、用益物权、担保物权）和债权两大类权利组成。第二，在分析现有集体林权产权制度存在缺陷的基础上，提出完善的基本思路：搁置集体所有权性质争议，明晰集体经济组织在农村集体经济中的地位，赋予集体林权完整的权能，规范集体林权登记发证工作。第三，从理论探讨和广东省实践分析两个角度，对比分析了家庭承包经营方式和"均股、均利"的集体经营方式的公平和效率，并且通过建立林农经营方式决策模型，解释了广东现象的原因，进而提出笔者观点："均股、均利"的集体山林经营方式更适合广东省。第四，通过辨析我国现行法律体系物权变动的基本模式、例外模式和专门法律中的林权物权变动模式状况，在综合考虑我国国情、司法实践等情况的基础上，认为我国应当采取债权形式主义物权变动模式。

本章蕴含的政策意义是：首先，农村集体产权制度的改革进程将会是一个漫长的过程，应当搁置集体所有权性质之争，发展和丰富集体林地林木用益物权制度，赋予集体林权占有、使用、收益和处分等四项完整权能，保护林权权利人的收益权和处置权，以真正实现集体林地林木的产权价值；其次，集体林权制度改革不能硬套农业改革的模式，应当在准确把握林业产权特性的基础上，借鉴广东省"务实"的集体林权改革路线，因地制宜，充分考虑山林的现有状况，由农民自己自主选择改革方案和经营方式；再次，应当高度重视确权登记工作，真正赋予登记作为林权成立的基本要件的功能。

5

集体林权流转交易制度

集体林权流转交易制度是集体林权流转制度体系的核心制度之一，是整个集体林权流转制度体系的中枢。集体林权流转交易市场，是城乡统一土地市场不可或缺的组成部分，对于其他农地流转具有积极的示范意义。集体林权流转交易制度的创新，将加快集体林权流转的发展，推进现有集体林权交易方式的彻底变革。本章首先对比了私下流转与公开流转的绩效，得出公开流转是集体林权流转交易制度的正确选择。在此基础上，通过分析集体林权流转交易制度的交易规则体系、交易监管体系、交易服务体系等三个组成部分存在的缺陷，提出完善集体林权流转交易制度的三条基本路径。本章内容分析框架见图 5-1。

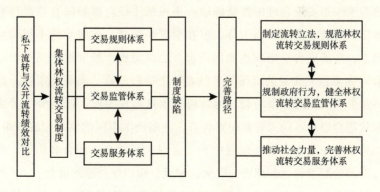

图 5-1 分析框架图

5.1 私下流转与公开流转的绩效比较

5.1.1 公开流转与私下流转效率的经济学比较分析

市场调节与政府宏观调控是资源配置的两种基本手段。其中市场对集体建设用地的配置主要是通过价格变动来影响流转主体的行为选择，市场主体按利益标准作出决策，最终按市场主体双方愿意接受的价格完成交易，实现资源在不同的主体间流转，使生产要素在不同部门间重组，达到重新配置资源的目的。政府则主要通过相关的政策、法规等为市场主体制定行为框架，市场主体在既定的法律制度框架下作出各种行为选择，进而促使生产要素流动，实现资源配置。在现实中，政府还往往通过行政命令等强制干预的手段影响资源配置的结果。但市场调节与政府调控两种资源配置手段都不是万能的，都有内在的缺陷和弊端。市场这只"看不见的手"有其能，也有其不能，市场机制的完全有效性只有在严格的假说条件下才成立，"市场失灵"（market failure）是客观存在的。同样"完美的政府"只是"理想的政府"。现实中，干预不足与干预过度是极容易出现的现象，"政府失灵"也是普遍存在的。因此，市场调节与政府干预是实现合理配置资源缺一不可的手段。市场的有效运行有赖于政府的合理监督与引导。但在制度不完善、政府干预不当的情况下，市场更容易出现扭曲的现象。也就是说，如果用"失灵的政府"去干预"失灵的市场"必然是败上加败，使"失灵的市场"进一步失灵。因此，市场调节与政府干预这两种手段不同的分工及协调状态会出现不同的资源配置状态，进而产生不同的资源配置效果。如果市场与政府在资源配置中分工合理，两者有机配合和协调，那么资源的配置将达到理想的效果。相反，则出现资源的浪费。

集体林权流转是土地资源在经济发展中重新配置与利用的过程，也是农村生产要素与其他要素重组与自然流动的过程。集体林地林木作为农村的重要生产要素，其配置同样取决于市场调节与政府调控两个基本手段。集体林权私下流转与公开流转正是由于政府与市场在集体建设用地配置中不同的分工及协调作用而出现的两种流转形态。这两种形态因市场与政府的分工与协调状态不同而产生了不同的效果。

可以用图示来说明这两种流转形态产生的不同效率。图 5 - 2 中 AC 为集体林地林木需求曲线，MSC、MPC 分别为集体林地林木流转的边际社会成本和边际私人成本，P_1、P_2、P_3、P_4 为不同情况下的均衡价格，Q_1、Q_2、Q_3、Q_4 为不同情况下进入流转市场的集体林地林木数量。

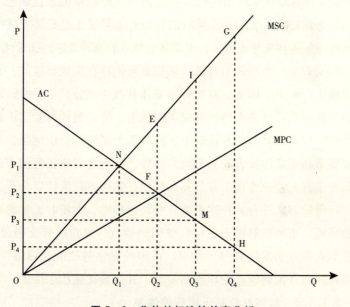

图 5 - 2　集体林权流转效率分析

5.1.1.1　集体林权公开流转的效率

在完美的状态下，市场与政府在公开流转中分别发挥着应有的作用，其中市场调节起着基础性主导作用，政府发挥着合理的宏观调控作用。在完美的市场与理想的政府结合下，集体林权流转将产生完美的效果。此时，集体林地林木流转价格与数量不是由社会需求与私人成本决定，而是由社会需求与社会边际成本共同决定。出于集体林地具有不可再生性、面积有限性等资源特性，集体林权所承载的集体经济组织自身的可持续发展、代际公平等社会功能以及集体林地合理开发利用的社会价值和有序管理的社会成本，集体林地林木流转的边际社会成本要高于流转主体的边际私人成本。因此，从全社会角度，集体林地林木流转的最佳效率由社会需求曲线 AC 和社会边际成本曲线 MSC 的交点决定。在这种情况下，集体林地林木流转市场在 N 点取得均衡，相应的流转均衡价格为 P_1，进入流转的集体林地林木均衡数量为 Q_1（见图 5 - 2）。此时，从全社会而言，集体林地林木转出与转入供求达到一般均衡的最优状态，社会福利达到最高水平 AON，流转的林地林木数量正是经济发展中必需流转的集体林地林木数量，集体林地林木的流转效率达到最优。

在实践中，市场调节与政府调控都可能存在失灵与缺陷，并可能出现协调失灵。因此，在实际的集体林权合法公开流转中，市场调节与政府调控可能都达不到完美的状态，公开流转可能达不到最优效率。但集体林权公开流转中，政府赋予了流转合法地位，给予了流转市场正常的发育发展环境。此外，政府还对流转范围、条件等起着应有的调控作用。在具体运作中，集体林权流转以公开、透明、合法的方式进行。在这个流转交易市场中，市场有正常的发育发展环境，市场机制因而得以较健康地运行，并在流转交易价格、交易形式等方面发挥着主导作用。在市场主导与政府合理调控下，集体林权公开流转能产生理想的效率，并向最优化状态接近。

5.1.1.2 集体林权私下流转的效率

制度对经济绩效的决定性作用早已引起学者的注意（Coase，1937，1960）。如果制度不能适当地反映资源稀缺性和经济机会，经济中就会出现行为的扭曲（North，1990），进而降低经济行为的效率。现行法律允许农村集体林权有条件地发生流转，但流转受法律约束。实践中，现行法律并没有发挥对流转的管制作用。在法律约束下仍然大规模发生的违法流转事件反映了政府对流转的过度干预或无效干预，出现了政府调控失灵，同时，也表明大规模的私下流转市场在政府抑制下存在，在很不完全的市场环境中发展。在这一流转市场中市场机制无法健康运行，而出现了"市场失灵"。在市场与政府双重失灵的情况下，集体林权私下流转表现出低效率。在私下流转中，市场与政府双重失灵使集体林权流转供求达不到一般均衡的最优状态，市场与政府双重失灵使集体林权流转价格由 P_1 下降为 P_3，流转量由 Q_1 增加为 Q_3，集体建设用地过度流转了 $Q_3 - Q_1$，造成了大量林地林木资源浪费，达不到最优效率和社会福利优化状态，引起了社会福利损失 MNI。如果私下流转出现寻租行为，流转价格将进一步下降为 P_4，集体建设用地将过度流转 $Q_4 - Q_1$，引起了更大的社会福利损失 NGH（见图 5 – 2）。

以上分析表明，在完美市场与理想政府两者合理分工和协调下，集体林权公开流转的数量恰好等于实际需求量，社会福利达到最大，流转效率达到最优。在实践中，虽然市场调节与政府调控两种手段的分工与协调可能达不到完美的状态，但是集体林权公开流转在市场主导与政府合理调控下，流转的林权数量接近实际需求量，社会福利趋于最大，流转效率趋于最优。与公开流转相比，私下流转降低了流转均衡价格，增加了入市流转的林地林木数量，不利于土地资源的有效利用和合理配置，造成了社会福利损失，流转效率明显偏离了社会最优化状态，也偏离了私人最优化状态。

5.1.2 两种流转产生的不同效率：来自实践的检验

5.1.2.1 林权流转市场模式现状

当前流转市场中，存在私下流转与公开流转两种模式。私下流转主要是农户之间或者流转面积较小的流转，公开流转的载体为政府组建的林地林木流转平台，即林权交易市场。两者的区别见表 5 – 1。

表 5 - 1　私下流转与公开流转的区别

流转模式	流转地点	是否登记	流转方式	时间长短	流转成本
私下流转	无特定	否	协议 （口头或书面）	短	小
公开流转	专门交易中心	是	协议、招标、 拍卖、挂牌	长	大

　　参与公开流转，需要面对更为严格的制度约束，具体包括流转主体资格审查、流转对象资源情况核实、流转协议和合同签署的监督、产权变更登记手续的办理。完成一宗公开流转通常需要 2 ~ 3 个月时间，流转主体需缴纳一定数额的流转费用。单宗公开流转涉及的林地林木数量较多、金额较大，即由多个转出方作为一个主体参与流转，受让方具有相当规模的资金实力，多为营林公司、木材商人，农户作为受让方的较少。公开流转多采取拍卖、投标方式完成交易。现行制度要求村集体作为转出方的流转活动，必须进入林权交易市场，进行资产评估，选择公开流转模式，而对于农户则没有此项要求。管理部门将一定采伐指标赋予参与公开流转的林地林木，为吸纳流转主体参与公开流转建立了诱导机制。

　　与公开流转相比，私下流转采用协议方式完成交易，不进行林权变更登记，交易完成所需时间较短，在交易数量方面不存在限制。私下流转具体形式表现如下：其一，农户将林地林木直接转让给受让方，双方以口头协议为主，受让方多为本村农户；其二，农户将林地林木直接转让给受让方，双方签署书面协议，该流转多由受让方到农户处协商完成，受让方为营林单位或木材商人；其三，农户通过中间人将林地林木流转给受让方，双方签署书面协议。中间人扮演了经纪人角色，一般为农户村所在行政区域农户，受让方包括法人组织和木材商人。对流转工作人员和农户的调查表明，农户选择私下流转的原因在于："私下流转较为方便"，"私下流转可以节省费用"，"林地林木数量少，在林权交易市场无法流转"。

两种流转市场模式的共存，一方面是由于流转制度实行时间较短，另一方面则体现了公开流转对于农户的不适应性。若农户仍选择私下流转，相关制度安排对农户权益的保障功能将难以实现，政府所组建流转平台的运行有效性将受到制约（谢屹，2008）。

5.1.2.2 私下流转的效率

虽然实践和相关研究都表明集体林权私下流转在促进农村经济发展、推动农村工业化、提高农民生活水平等方面均有一定意义，但它在政策和法律抑制中产生，在市场调节与政府调控"双重失灵"中发展，具有畸形、灰色的特点，存在交易混乱、交易价格扭曲、土地资源无法实现合理配置、造成资源浪费等缺陷。

1. 流转价格的确定随意性强，价格不能反映林地林木的真正价值

在集体林权私下流转中，由于价格竞争机制不能正常发挥作用，更没有可供参考的农村林地林木基准地价。因此，流转价格的确定随意性强，自由度大，差异明显，这主要表现在以下两方面。

一是私下流转中没有公开竞争的价格形成机制，流转价格一般由村组、村民与林地林木需求方自行协商确定，这就容易出现交易价格扭曲、价格不能反映集体林权真正价值的现象。二是流转价格因不同的流转形式而出现较大差异。据调查，浙江省不同定价方式下产权变动的实际平均成交价如下：在林地转让所采用的各种定价方式中，以拍卖价最高，为 27818.25 元/（公顷 . a^{-1}）；其次是评估价，为 12819.90 元/（公顷 . a^{-1}）；再次是投标价，为 11951.40 元/（公顷 . a^{-1}）；协议定价最低，为 1170.45 元/（公顷 . a^{-1}），仅是拍卖价的 4.21%。在租赁经营定价中，以投标价最高，为 13362.45 元/（公顷 . a^{-1}）；其次是评估价，为 12252.45 元/（公顷 . a^{-1}）；协议定价仅为 392.1 元/（公顷 . a^{-1}），是拍卖价的 2.93%（韩国康、严国香，2004）。

2. 过低的流转价格和不稳定的产权预期引发了林地林木的粗放利用

过低的流转价格诱使生产者以林地替代其他生产要素。土地是一种最基本的生产要素，在市场经济条件下，土地价格不仅是调节土地供给和需求关系的重要工具，还是土地在不同部门（个人）之间配置的信号，它直接影响着社会各部门生产者对土地、劳动、资本、技术等生产要素组合的选择。全国许多地区出现的低价流转集体林地的行为诱使生产者在生产要素组合中提高土地投入的比例，减少其他生产要素的投入。由于过去流转制度不够健全、监管不够到位、管理不够完善等各种原因，广东省很多地区已流转的集体山林普遍存在租金过低、承包期限过长、面积过大等"三过"问题。以始兴县为例，该县林业局局属林场办场之初，大都是以合作方式经营，即林农出土地，林场出资金，林场负责经营管理，木材采伐后按实际采伐数量计付山价给村民。为促进林业的可持续发展，在20世纪90年代，经局林场与农户双方充分协商，大部分林场转为支付固定山价的形式，也即为租山模式，标准为每年每亩仅2~3.5元，随着经济社会的发展，逐渐出现了租金偏低等问题。由于租金过低、承包期限过长、面积过大，林地使用者往往不够珍惜林地林木资源，粗放利用林地林木资源的情况很普遍。

3. 私下流转引发了集体资产流失和农民权益损失

首先，由于私下流转缺乏政府的有效管理，全国许多地方存在着擅自改变林地用途，非法流转林地的行为，加大了林地管理难度。私下流转引起了林地非法转用，林业生产和生态保护受到极大影响。其次，大量林地林木非法流转引起了巨额的农村林地林木资产流失，严重影响集体经济组织可持续发展，并严重侵犯农民权益。以始兴县为例，林地使用者以固定山价的模式租山，导致租金低、期限长、面积大等三大问题，这样的模式，村民没有稳定的收入，林场有采伐才有收入，同时对实际采伐木材数量的认可往往有争议，形成一定的信用危机，同时林农也承担一定的风险（如造林失败、火灾等因素造成损失)，一定程度上制约林业的可持续发展。有的地方非法流转，个别甚至暗箱操作，造成集体森林资产大量流失，群众意见大，埋下隐患多。随着社会经济的发展，这些历史遗留问题逐步暴露出来，有的矛盾还相当尖锐，在一定程度上影响了林区的和谐稳定，妥善处理历史遗留问题，是一项十分重要而又紧迫的任务。

5.1.2.3　集体林权公开流转的效率

虽然目前我国还没有哪个地区的集体林权流转完全达到前文所分析的效率最优状态，但一些地区的实践已经表明，有机结合市场调节与政府宏观调控两种手段的公开流转能克服私下流转的缺陷，向流转社会最优化状态靠近，避免土地资源浪费，减少社会福利损失。以浙江省丽水市为例，2007年初在全市范围内全面推行森林资源流转改革，加快组建森林资源流转相关服务机构。设立市森林资源收储中心（林权管理中心），核定了人员编制。作为先行试点的遂昌县已完成了森林资源收储中心、林业服务管理中心、担保公司和收储公司等机构的组建挂牌，并在县行政审批中心设立了集林权管理、林权登记、森林资源资产调查评价、林权抵押贷款、林权交易等多功能于一体的"一站式"服务大厅，实行集中办公、一条龙服务。其他各县也按丽水市的统一部署，落实工作人员和办事机构，有条不紊地抓紧机构筹建。同时，积极探索森林资源流转和林权抵押贷款的具体措施。对集体林权流转进行"招、拍、挂"，以公开、公平的市场运作方式流转集体林权。简而言之，丽水市的公开流转实践在政府有力调控下，以市场主导的方式进行。在政府与市场两种手段有机协调下，公开流转在丽水市推行三年多来，取得了良好的效益，优化了资源配置。

首先，集体林权流转公开运作，有效地防止了农村林地林木资产从黑市交易中流失，体现了林地林木对农村发展的社会价值。政府以法规政策的形式赋予了集体林权流转的合法性地位，明确了集体林权公开流转的基本条件，制定了流转行为的基本规则。在流转具体运作过程中，市场则发挥主导作用。在市场调节与政府调控有机配合下，流转行为不再以私下的方式进行，而是以公开、透明的方式进行。在这种运作方式下，集体林权流转宗数、流转面积、流转收益、转入方、流转用途等都变得公开透明，这不仅有效防止了农村林地林木资产从黑市交易中流失，还充分发挥了林地林木对农村发展的推动作用。比如丽水市，森林资源流转从传统的私下交易转让逐步走向公开化、市场化、规范化。在庆元县改革试点发放10笔林权抵押贷款计36万元，实现了丽水市林业史上盘活森林资源资产和农村信贷史上以林权证为抵押物的双突破。2007年，丽水市流转森林资源200余宗，面积0.33万公顷，其中进入县级以上流转中心公开招标挂牌的有112宗，面积0.23万公顷，成交额5550万元，衢州市在2007年已流转了190宗，面积0.24万公顷。安吉县在林权改革中用林权证抵押贷款数累计已达5143万元；衢州市在2007年已办理林政抵押贷款16宗，贷款1345万元；丽水市9个县（市）信用社均已开展林权抵押贷款业务，共发放贷款3100万元（孔祖根，2009）。

其次，流转中"招、拍、挂"做法合乎民意，有力地防止了暗箱操作，消除了村干部的寻租空间，杜绝了农民上访。在流转实行公开市场化运作前，因集体林权私下流转的问题，丽水市经常发生村民到市县政府上访事件，但自2003年丽水开始试行集体林权流转"招、拍、挂"后，市场竞争机制在确定流转价格等方面发挥主导作用，同时，流转的具体操作程序公开、透明，流转过程村民可以参与和监督。村干部因失去了寻租空间而无从寻租。由山林问题引发的农民上访因此一路锐减。

再次，公开流转有更高的价格和更稳定的产权预期，提高了林地林木利用率。政府通过对流转的各项规定赋予了流转市场合法、公开的发展环境，也规范了流转市场主体的行为规则，对流转市场进行有力的调控，将流转市场失灵防患于未然。在政府有力调控和市场健康机制共同作用下，流转价格不再以私下协商的方式确定，而是通过市场价格竞争机制来确定。这种方式确定的流转价格比私下流转的协议价格更高，更能反映土地的真实价值，并接近于社会边际成本和社会需求所决定的价格。据统计，2006 年 6 月至 2007 年 6 月的一年时间里，丽水市通过公开招标、拍卖或挂牌流转的森林、林木、林地有 90 宗，面积 2470 公顷，标底 3036 万元，实际成交 4036 万元，为国家和集体增加收入 1000 万元。另外，在公开流转中，由于集体林权使用权由正规、公开渠道取得，转入方对转入的集体林权有稳定的产权预期。更高的流转价格和更稳定的产权预期会对转入方产生减少集体林权投入数量和加大集体林权开发利用强度这两方面的直接效应，同时也带来了更高的土地利用率。一方面，稳定的集体林权使用预期使用地者能放心对集体林权进行开发投资。另一方面，更高的流转价格意味着更高的林地林木使用"门槛"，提高集体林权的集约利用水平。使用者因需支付较高的林地林木成本，而不会随意浪费林地林木，还会想方设法提高林地林木利用率，加大投资力度，加快建设进度，这不仅使其自身的投资回报快，客观上还有效地促进了林地林木的高效集约利用。而且鉴于较高的价格，使用者会通过对林地林木进行更多的其他要素投入来替换林地林木，以提高林地林木的边际产出，这从客观上节约了林地林木资源。另外，使用者因是通过公开渠道获得集体林权，稳定的产权预期使用地者可以放心投资生产。

因此，在公开流转中，市场主体的个人理性行为促成了客观上集体林权资源的更有效利用和更大的产出。公开流转所产生的良好社会经济效益说明，在集体林权公开流转中，如果正确发挥政府的调控职能，对集体林权流转市场进行必要的规范和引导，同时，充分发挥市场对集体林权流转的基础性作用，促进流转市场运行机制良性发展，就能克服私下流转低效的缺陷，会产生理想的流转效率。

5.1.3 比较分析结论

前面的对比分析表明，虽然在当前情况下，私下流转对于集体经济组织内部的责任山、自留山的流转仍然存在着流转成本低、承包期限短等优势，但是从总体上看，在集体林权私下流转中因存在市场调节与政府调控双重失灵而出现了价格扭曲、交易混乱、资源浪费及社会福利损失等问题，流转效率达不到社会最优，也达不到私人最优。相比之下，在集体林权公开流转中，市场充分发挥了基础和主导作用，同时，政府也合理地发挥了调控职能，市场主导与政府合理调控相结合，集体林权公开流转能产生理想的效率，并向社会最优效率靠近。因此，从长远发展来看，只有实行公开流转，推行流转市场化运作，充分发挥市场的基础性作用，同时合理发挥政府的调控作用，寻找市场和政府两种机制的最优组合，即经济学家所推崇的"凸性组合"，才能推进集体林权流转的有序性、适度性及高效性，实现资源优化配置。

5.2 集体林权流转交易制度的缺陷

5.2.1 规范林权流转的法律不完善

林权立法滞后，是产生现行林权流转问题的重要原因。现行林权法律法规的一些规定，仍带有以木材生产为主的历史烙印，尚未完全转变到以生态建设为主的指导思想上来，束缚了林业的改革与发展。林业分类经营思想在法律制度中没有得到充分体现，公益林业和商品林业实行相同的法律制度，该管的没管住，该放的没放开，该保护的没保护好，特别是在林权制度改革、林木采伐限额管理制度改革、国有森林资源管理等方面，计划经济体制的痕迹尚存。一些与法律法规配套的规章制度尚未及时出台。我国现行的林权流转法律依据仅仅是 1998 年修正后的《森林法》第 15 条之规定，但该规定太过简单、太过原则性，缺乏可操作性。《森林法》第 15 条以及 2003 年 6 月发布的《中共中央、国务院关于加快林业发展的决定》都要求国务院林业主管部门抓紧制定森林、林木和林地使用权流转的具体办法，但时隔多年，这个办法仍未出台。正是在这种立法格局之下，全国森林资源的流转普遍开展起来，也正是在这种"无法可依"的背景之下，全国森林资源的流转出现了诸多问题。目前绝大部分资源分配已经引入市场机制，森林、林木、林地作为生产要素必然要进入市场，有偿流转现象已经普遍存在，但由于没有明确的全国统一的法律规定，哪些可以转让、哪些禁止转让都不明确，如自然保护区林木、防护林、特种用途林以及近几年兴起的森林公园等是否可以转让，权属有争议的森林、林木和林地以及未经联合经营一方同意的森林、林木和林地能否转让，等等，都没有法律明确规范。另外，关于林权有偿流转的方式、程序以及转让双方的权利、义务和违约责任等皆缺乏规定。笔者认为，造成目前林权流转的诸多问题，国务院林业主管部门未能及时出台全国性的林权流转立法是其中的一个重要原因。目前存在的突出问题表现在以下几方面。

（1）流转林种范围不明确。从《森林法》第15条看，第1款规定了用材林、经济林、薪炭林和国务院规定的其他森林、林木和其他林地使用权可以进行流转，第3款规定"除本条第一款规定的情形外，其他森林、林木和其他林地使用权不得转让"。由于"国务院规定的其他"尚不明确，故林种范围还需要进一步明确。特别是公益林现在是以生态区位划分，如在重点公益林界定范围内的"四荒"地，难道不允许流转？

（2）流转主体范围不清。从民事主体看，参与林权流转的主体应当具有开放性，由于从事林业生产既有经济性又有社会公益性，从国家一贯政策讲，是鼓励全社会参与林业建设，这在《中共中央、国务院关于加快林业发展的决定》（以下简称《决定》）中得到两次确认。《决定》规定："各种社会主体都可通过承包、租赁、转让、拍卖、协商、划拨等形式参与流转"，在实践中存在争议的是，国家机关、社会团体及其干部职工参与林权流转的法律地位，国家机关和党员干部参与林权流转与党和国家有关政企分开、禁止经商创办企业的关系。实践中，有的国家机关利用自有资金参与了林权流转，其利益怎样进行保护？笔者认为，《决定》与党员干部不能参与经商活动的规定之间并不存在矛盾。因为对法规政策的理解不能机械化，各种社会主体都可参与林权流转并不意味着具有特殊身份的党员干部也可以参与林权流转。

（3）林权流转限制过多。对林权流转，《森林法》规定了两方面的限制：一是用途限制，即流转森林、林木、林地使用权后不得改变林地的用途，也就是不得将林地改为非林地，以防止森林资源因转让而流失；二是经营限制，即流转双方都必须遵守《森林法》关于森林、林木采伐和更新造林的规定，有关的采伐限制不因权属变动而变化，采伐量要符合森林采伐限额的要求，采伐后要在当年或次年完成采伐迹地更新造林任务，以防止在流转过程中森林资源受到破坏。对于采伐限额政策，许多学者认为行政干预过多，应当区分公益林和商品林，公益林严格控制采伐，商品林应当放宽采伐指标。

5.2.2 流转平台不规范

1. 林权流转市场建设滞后

伴随着集体林权改革的进程，一些地方已经陆续建立起林权流转市场，但比例并不高。以广东省为例，目前仅有博罗县、始兴县和四会市等林改试点市县建立了流转市场，包括广州、深圳在内的绝大多数地方均尚未建立流转市场。另外，各级政府比较注重培育林地流转的"一级市场"，即通过诸如承包、拍卖、租赁等途径使公民、法人以及其他组织等依法获得林地的使用权，但却忽视了林地流转"二级市场"的建设，致使林地再次流转受到限制，林权人的收益预期受到损害，其投资积极性受到抑制。

2. 林权流转行为不规范

绝大部分林权的有偿流转，没有确定的流转程序可遵照；流转的合同也很不规范，有很大一部分流转没有文书合同只有口头协议；大部分没有登记；许多流转合同没有附地形图，同时没有界定林地边界，存在纠纷隐患。据对湖南黔阳县岩垅乡 2006 年山地使用权流转情况的调查统计，全乡共有 1.23 万亩，1243 起山地流转，其中没有文字合同只进行过口头协议的 205 起，占流转总起数的 16.5%；有文字流转合同的 1038 份；属不规范或无效合同的 887 份，占流转总起数的 72%（熊开平，2007）。在山地使用权流转中，有的对自己的流转行为应负的责任认识不足，流转伊始，流出方认为山地没有多大价值，所以转让出去时很随意，现在看到山地开发出现了较高效益，就准备否认自己原来的承诺，想重新进行讨价还价。这样，给山地开发成果的巩固和发展造成了不稳定因素。由于流转手续不完备，行为不规范，流转双方都担惊受怕，流入山地的开发户怕自己的效益好了，成果难以保护；流出方因自己手里没有合同，久而久之，怕自己失去了流出山地的使用权。

3. 林权流转价格不合理

目前，林权流转多是通过双方协商而定，林权定价缺乏科学的依据和统一完善的标准，随意性大，林权价格往往是通过目测草草确定，缺乏完善的林权评估机制。虽然有些地方确认了一些森林资源评估机构，但除了国有森林资源转让能够依法申请评估外，大部分集体林地的转让都没有申请评估，这也使得评估机构难以发挥作用。大量的林权流转未经资产评估机构进行科学、合理的评估，而且行政干预多，市场垄断严重。因此，现在林权转让价格偏低，违背了公平原则并且造成了国有、集体资产的流失。

4. 缺乏中介服务组织

与普通商品交换相比，森林、林木、林地使用权流转运作程序相对复杂，涉及多个产权主体的经济利益，这就需要有完善的中介服务机构为之服务，包括委托代理机构、法律咨询机构等，但目前，这些中介服务机构在农村林区还相当匮乏。流转交易成本高，交易信息和中介组织匮乏，导致较高的信息搜寻成本，极大地阻碍了林权流转。

5.2.3 服务管理不到位

林权流转因其交易标的的特殊性（如稀缺性、承载利益的多元性等）表现出与一般权利变动的差异性。在一般权利变动的场合，一般情况下双方当事人达成权利变动的合意即可产生权利变动的效果，行政权力的作用甚微，而在自然资源权利变动中，适当的行政权力干预是必要的。正如有些学者所说，"在自然资源物权初始分配完成之后，政府应当退出自然资源配置领域，有效地运用政府职能对自然资源进行宏观调控"。因此，必须辅之以必要的行政调控机制，纠正单纯由市场手段配置资源时可能发生的偏差（桑东莉，2006）。然而，在我国现阶段的林权流转实践中，政府角色定位突出存在以下问题：其一，政府"缺位"，即对林权流转服务管理工作不到位；其二，政府"越位"，即过分干预林权流转；其三，政府"错位"，即非法干涉林权流转。现结合实际分述之。

第一，政府缺位。为推动和规范自然资源利用权交易，政府应当建立相应的行政调控机制，其主要内容包括以下几方面。其一，自然资源利用权交易必须受到主管部门的监督。其二，对环境和资源经济价值的评估能够为资源和环境管理的决策提供一定的信息支持。其三，为实现自然资源的最优配置，应当将计划与市场更好地结合起来。然而，在实践中，很多的地方政府并未能很好地履行这一职责，存在着以下问题。①尚有林地未登记，未发放林权证，有的则是"一林多证"；②林权证样式不规范，原来发放的林权证是各地人民政府自行制定的，内容不规范，制作粗糙，常年疏于建档管理，保存不善；③林权证的核发工作不够规范，部分林权证书填写时，只定地名没有面积，导致范围不清，或填写面积与实地不符；④未及时进行林地、林木权属变更登记，出现了许多有地无证、有证无地的情况。因而，在流转中山地权属张冠李戴、界址错乱、"一林多买"的现象屡有发生，引发了许多林权纠纷。另外，由于山地缺少确定面积，流转双方不是以面积论价，而是就山论价，更增加了林权流转价格的随意性。在林权流转中，还存在省、市林业主管部门参与较少，大部分由县林业局或者村民委员会直接与投资者或受让者签订合同，有些甚至只是签订协议等问题。省、市林业主管部门并没有对这些合同文本建立档案，各级林业管理部门难以全面掌握林权流转的基本情况，不利于林权流转工作的管理（徐正春、王权典、景彦勤，2005）。

第二，政府越位。虽然随着森林生态效益补偿制度的逐步推行，"石光银现象"得到了初步解决，但是，现行的采伐许可制度、木材运输许可制度依然过分干预了林权流转，严重限制了权利人的处分权，而且并不区分商品林和公益林。现行立法对林木采伐权的限制较为严格，表现在四个方面。其一，林木采伐权需要行政机关核发林木采伐许可证。其二，林木采伐权受国家森林采伐限额制度的限制。其三，林木采伐权还受到林种的限制。林木采伐权必须根据不同的林种决定其行使方式，甚至一些林种不允许在其之上存在林木采伐权。《森林法》第31条规定，采伐林木必须遵守下列规定：成熟的用材林应当根据不同情况，分别采取择伐、皆伐和渐伐方式，皆伐应当严格控制，并在采伐的当年或者次年内完成更新造林；防护林和特种用途林中的国防林、母树林、环境保护林、风景林，只准进行抚育和更新性质的采伐；特种用途林中的名胜古迹和革命纪念地的林木、自然保护区的森林，严禁采伐。其四，行使林木采伐权须承担法定附随义务。《森林法》第35条规定，采伐林木的自然人、法人或者其他组织，必须按照采伐许可证规定的面积、株数、树种、期限完成更新造林任务，更新造林的面积和株数不得少于采伐的面积和株数。

第三，政府错位。震惊国内的"金光集团云南毁林案"集中体现了地方政府在林权流转过程中的错位，非法干预林权流转。首先，在林地使用权流转上，该案的林地使用权分别属于依法取得林地承包经营权的承包农户及法人、其他组织等，金光公司应该分别同上述主体签订林地使用权转让合同。但是这个合同却是在政府的主导下签订的，承包农户、法人和其他组织等都被剥夺了签约的权利。政府的这种行为，又严重侵犯了林地使用权人合法的财产权利，而这种合同的签订，严重违反了我国《合同法》确立的平等原则、自愿原则和公平原则等基本原则，因而是无效的。其次，该案中所涉及的林木所有权分别属于国家、集体和承包农户个人。根据法律规定，作为买方的金光公司应该分别同上述三个所有权主体签订林木转让合同，然而，金光公司却仅仅同有关地方政府签订了林木转让合同，而没有同有关的集体组织和承包农户签订合同，显然，地方政府在其中是越俎代庖。上述地方政府在林权流转过程中的种种行为，直接导致的便是云南天然林被大面积破坏，国有资产、集体资产的重大流失，林农切身利益的损害以及生物多样性的破坏等一系列严重后果。

5.3　集体林权流转交易制度的完善

5.3.1　制定流转立法，规范林权流转交易规则体系

虽然 1998 年修订的《森林法》和 2003 年《中共中央、国务院关于加快林业发展的决定》都明确规定由国务院制定林权流转具体办法，但时至今日也未出台全国层面的流转办法。为了适应林权流转的现实需要，福建、江西、湖南等地纷纷出台相关流转条例（办法）。各地的流转条例（办法）虽然对规范林权流转行为起到了积极作用，但也或多或少存在着各种各样的问题。因此，为了规范林权流转，应当制定"林权流转条例"。

5.3.1.1　明晰林权流转的内涵

参考前文，笔者认为，从广义上说，林权流转包括林地、林木（包括森林，下同）所有权和使用权的流转；狭义的林权流转仅指林地使用权、林木所有权和林木使用权在不同主体之间的流动和转移，而其中，林地使用权和林木所有权是最具有实际意义的两种流

转方式。林权流转按是否为初次流转分为一级流转和二级流转。前者是指林权受让方从原所有人处取得的流转，如农村林地承包经营权的设定、"四荒地"的拍卖、国家林地使用权的划拨等；后者指林权的再次流转，指林权在不同主体之间的流动和转移，如转包、再次转让等。按照是否进行产权登记，林权流转可以分为场内流转和场外流转（或称私下流转）。场外流转，即转出方与受让方通过协议，达成文本或口头协议，完成林地林木产权变更，但未到林业主管部门进行产权变更登记的流转行为。场内流转，即转出方通过协议、拍卖等方式将林地林木转让给受让方，双方在林业主管部门监督下签署转让协议，并办理产权变更登记的流转行为。

5.3.1.2　确立债权形式主义物权变动模式，明确林权登记的效力

如前所述，林权是一个较宽泛的概念，其具体权利形式并不一定是物权，但不可否认，林权主要形式是物权，可以适用物权的相关规定。基于前文论证，考虑到我国现行立法基本确立了债权形式主义模式，理论界学者普遍支持，林地的物权保护应当重于一般耕地。笔者建议林权流转的债权形式主义模式，即当事人之间除有流转林权的债权合意（如签订协议）外，还需履行登记的法定程序才发生效力。这就改变了现有《森林法》《森林法实施条例》《林木和林地权属登记管理办法》等专门性法律法规"并未把登记作为林权成立的要件"的做法，从而赋予"林权登记"关键性效力。

5.3.1.3　坚持物权流转的基本原则

根据物权法理论，林权流转应当坚持公示原则和公信原则。公示原则与公信原则相辅相成，公示原则以公示与否来确定权利的归属，公信原则赋予公示以公信力，保护信赖公示的善意第三人。

1. 公示原则

公示原则是指物权变动行为须以法定公示方法进行才能生效的原则。公示原则要求当事人依法定方式向社会公众公开其物权变动，以明确何人取得物权，何人丧失物权，否则不能发生物权变动

的效力。林权流转的公示原则，是指在林权变动过程中，必须将林权的发生、变更或者消灭以一定方式公之于众，从而使公众知悉林权流转的事实以保护流转安全。由于林权在法律性质上基本属于物权，而物权具有排他性，因此，在同一林权客体上不能存在两个或者两个以上同一内容的林权。林权的排他性使林权的流转也产生排他性效果，如果公众不能知悉林权流转的情况，难免发生损害他人利益的情形。因此，为了保证林权的排他性，维护林权流转的安全，法律必须规定林权的公示制度及公示方法。物权公示的功能在于给社会公众一个判断标准，即没有公示就没有物权变动，以此判定物权归属，以维护交易安全。根据物权法理论，动产物权的流转以交付为公示方法，不动产物权的流转以登记为公示方法，而林权属于不动产物权，因此，林权流转应以登记为公示方法。

2. 公信原则

公信原则是指赋予公示以一定范围的可信性效力的原则。即若物权变动公示的，即使公示与实际权利关系不一致，标的物出让人事实上无处分权，善意受让人基于对公示的信赖，仍能取得物权。林权流转的公信原则，是指林权流转时，一旦依照法律规定的方式进行了公示，则即使依照公示表明的林权事实上不存在或者存在瑕疵，但对于信赖该林权存在或者无瑕疵而进行林权流转的人，法律仍然承认其具有与真正林权存在或者无瑕疵相同的法律效果，以保护流转安全。法律确立了物权公示制度，并赋予其公信力，凡是按法定公示方式转让物权的，善意受让人基于对公示的信赖，当然应取得物权。若连法定的公示方式都无法保障善意受让人取得物权，则社会经济发展就失去了基本的法律保障，无法正常进行。由于林权公示具有公信力，是确认林权的依据，因此，即使登记的林权事实上不存在或者存在瑕疵，也必须依照登记的林权状况进行林权流转（陈远树，2005）。

5.3.1.4 明确林权流转的内容及限制

如前文所述，广义的林权流转包括林地、林木所有权和使用权的流转，狭义的林权流转仅指林地使用权、林木所有权和林木使用权在不同主体之间的流动和转移。实践中，林地使用权、林木所有权（含使用权）和综合性林权的流转较具有实际意义，具体包括以下内容。

1. 林地使用权（包括承包经营权）的流转

林地是林权的核心要素，林木与林地的关系如同"皮"与"毛"的关系，"皮之不存，毛将焉附"？因此，林地的流转也是林权流转的核心内容，直接影响到林木所有权、林木使用权以及森林景观开发利用权等的流转。依照我国现行立法，林地所有权属于国家和集体，不能进入市场流通领域进行流转。因此，林地的流转即指林地使用权的流转和林地承包经营权的流转。林地使用权是指使用人对国家或集体所有的林地依法享有的占有、使用、收益和一定情况下处分的权利。林地使用权流转制度是林权流转制度的核心。国家通常在对林地保留所有权的前提下，通过一定方式将林地依法确定由集体、自然人、法人或者其他组织使用，即将使用权出让给集体、自然人、法人或者其他组织行使。林地使用权人可以在法律规定的范围内，根据自己的意志经营林地，进而收取林地所生的孳息。根据《森林法》第15条之规定，用材林、经济林、薪炭林的林地使用权，用材林、经济林、薪炭林的采伐迹地、火烧迹地的林地使用权以及国务院规定的其他林地使用权依法可以流转。

就林地承包经营权而言，根据《农村土地承包法》的规定，对农民集体所有和国家所有依法由农民集体使用的林地可以进行家庭承包，从而取得林地承包经营权；对不宜采取家庭承包方式的荒山、荒沟、荒丘、荒滩等农村土地，可以通过招标、拍卖、公开协商等方式承包，从事经营活动，取得林地承包经营权。

基于《农村土地承包法》的规定和法学理论，林地承包经营权是指自然人、法人或者其他组织，对集体所有或者国家所有依法由农民集体使用的林地，依据承包合同的规定享有占有、使用和收益的权利。可分为以家庭承包方式取得的林地承包经营权和以其他方式取得的林地承包经营权。以家庭承包方式取得的林地承包经营权包括以下权利：依法享有承包林地使用、收益和林地承包经营权流转的权利，有权自主组织生产经营和处置产品；承包林地被依法征用、占用的，有权依法获得相应补偿；享有法律、行政法规规定的其他权利。根据《农村土地承包法》第 45 条的规定，以其他方式承包取得的林地承包经营权的具体内容由承包方和发包方在签订的承包合同中约定。同时，《农村土地承包法》第 32 条、第 49 条规定："通过家庭承包取得的土地承包经营权可以依法采取转包、出租、互换、转让或者其他方式流转"；"通过招标、拍卖、公开协商等方式承包农村土地，经依法登记取得土地承包经营权证或者林权证等证书的，其土地承包经营权可以依法采取转让、出租、入股、抵押或者其他方式流转"。可见，林地承包经营权依法可以采用多种方式进行流转。

2. 林木所有权、使用权的流转

林木所有权是指所有人对林木依法享有的占有、使用、收益和处分的权利。根据我国现行立法，国家、集体、自然人、法人或者其他组织均可以对林木享有所有权。

林木所有权是与林地使用权密切关联的一项权利，林地使用权人最主要的回报是林地上生长的林木或者其他林产品，因此，享有林地使用权一般即享有林地上的林木所有权。但在科学的林权制度建立以前，特别是我国现行实践中，这并不意味着林地使用权人对林木享有完全意义上的支配权与处分权。这是因为林木所有权人对林木的所有权要受到公法的严格限制，最主要的是林地使用权人要想采伐自己所有的林木，必须取得林业主管部门的采伐许可证，而且必须按照许可证允许的采伐量、时间等进行采伐。林木采伐权是与林木所有权密切相关的一项权利，法律意义上的林木采伐权应指权利主体对林木依法享有的、按照法定方式进行采伐获取收益并排斥他人干涉的权利。权利主体对于林木采伐权不是自然享有，只能通过法定程序申请林木采伐许可证并按照许可证规定的方式享有和

行使，同时也只能按照法定方式进行采伐。目前，我国林木法定的
采伐方式有择伐、皆伐、渐伐、抚育和更新性质的采伐等。笔者认
为，林木采伐权实际上是林木收益和处分权能的具体表现。林木采
伐权人要想获取收益，必须对林木进行"采伐"，"采伐"的目的
是获取收益且"采伐"构成对林木的处分。林木采伐权的流转就
是林木采伐权从一个主体转由另一主体享有。《森林法》第 15 条
规定：进行林权转让时，已经取得的林木采伐许可证可以同时转
让。这是林木采伐权转让的法律依据。但是，林木采伐权能否单独
转让呢？法律无明文规定，实践中尚存争议。笔者认为答案是肯定
的，因为林木采伐权是林木所有权人的一项权利，权利人有权在保
留其他权利的情况下将林木采伐权转让给他人。在市场经济条件
下，林木采伐权的转让有利于资源优化配置，因此，应当完善关于
林木采伐权流转的立法。

3. 综合性林权的流转

综合性林权是笔者提出的概念，是指不能单独归类为林地使用
权、林木所有权或者林木使用权，而是常常综合了三种权利的一种
复合型权利，如林下种养权、森林景观开发利用权，等等。下面以
森林景观开发利用权为例予以说明。

我国是世界上森林生态系统类型最多的国家之一，广袤的林区
蕴藏着丰富的森林风景资源。随着人们生活水平的提高，发展生态
旅游，吸引人们到林区观光旅游，日益成为我国林业资源利用的主
要方式之一。截至目前，我国已经建立了各级森林公园 1476 处，
建立自然保护区 1757 处。据统计，目前我国每年到林区旅游的游
客已经突破了 1 亿人次（张建松，2004）。

笔者认为，森林景观开发利用权是开发利用依托林地及其群
生竹木所综合形成的森林景观的权利，是森林使用权的一种利用
形式。与前述四种权利不同的是，森林景观开发利用权主要是开
发利用森林的生态功能，而不是开发利用林地或林木的经济功能。
因此，森林景观开发利用权的流转必须以发挥其生态功能为首要

目标，而不能片面追求经济利益。在实践中，主要是通过对森林景观进行综合性开发形成森林公园、风景名胜区等，开展生态旅游，森林景观开发利用权的流转多是通过各地政府或林业主管部门向社会公开拍卖一定年限的森林景观开发利用权等方式进行流转。

4. 林权流转的限制

根据物权法原理，对林权的限制包括私法对林权的限制和公法对林权的限制两个方面。私法对林权的限制主要包括权利滥用的禁止、诚实信用原则、自卫行为以及其他限制；公法对林权的限制大多以保障国家的公共利益和社会的共同生活利益为目的。对林权流转的限制则主要来自于公法。林权流转不得改变林地用途，不得改变公益林性质，不得乱砍滥伐，不得导致国有、集体资产流失，不得侵害林权人的合法权益（陈远树，2005）。

一般认为，下列林权不得流转：①防护林和特种用途林等公益林；②权属不清或存在争议的林权；③未经依法办理林权登记取得林权证的林权。

5.3.1.5 确定林权流转的方式

林权流转按是否为初次流转分为一级市场流转和二级市场流转。在当前的林权流转中，各地流转方式灵活多样，广大群众在实践中根据具体情况和切实需要，进行了许多有益的探索和创造。总的来讲，流转形式有承包和转让、租赁、入股、抵押，以及互换、反租倒包①、转包、转租等。

1. 转让与互换

林权转让是指林权所有者将其享有的林权，在一定期限内全部或部分有偿转移给他人的行为。转让是林权主体的变更，一般是有偿行为，转让的受让者可以是农村集体经济组织的成员，也可以是

---

① 即根据实际需要，由集体经济组织或企业按土地的原经营收益额，将其使用权全部反租回来，再发包农户，统一管理，进行规模经营。

农村集体组织以外的个人和组织，林权转让后，原权利人丧失相应的权利，而受让方取得相应的权利，林权转让后应当到林业主管部门办理林权变更登记手续。

互换又称互易，是指两个或两个以上林权所有人互相交换各自的林权的行为。互换实质是林权主体的变更，是"以权换权"的转让方式（周训芳、谢保国、范志超，2004）。这种交易可以更好地管理、开发和利用各自所需的林地，互换在农村集体、私人林地使用权中较多见，林地使用权通过互换，可以较好地解决因地理位置不便而造成的问题。林权互易应当进行登记，未经登记的转让无效。

2. 租赁与抵押

林权租赁是指林权所有者将其享有的林权，在一定期限内租赁给承租人，由承租人向出租人支付租金的行为。比如，村民某甲把自己种植的果山租赁给某乙经营一定年限，这时林木所有权仍属于某甲，而在租赁期内某乙享有林木使用权和林地使用权。

林权抵押是指林权所有者不改变林权的占有，将该林权作为债权的担保，债务人不履行债务时，抵押权人依法享有以该林权折价或者处置该林权的价款优先受偿的权利。由于森林资源呈现出的整体不动产性，在产权归属明晰的情况下，完全可以适用我国《担保法》《物权法》中抵押的相关规定。由于森林资源作价往往较高，实践中亦可以采用最高额抵押的方式简化债权流转程序。由于林权的增值性，也可采用浮动抵押的方式增加融资。

国家林业局《森林资源资产抵押登记办法》规定："森林资源资产抵押是指森林资源资产权利人不转移对森林资源资产的占有，将该资产作为债权担保的行为。"该《办法》第3条明确规定："可用于抵押的森林资源资产为商品林中的森林、林木和林地使用权。"笔者认为，根据本书对林权的界定，可用于抵押的林权应当包括林地使用权、林地承包经营权、林木所有权、林木使用权以及森林景观开发利用权等。

林权抵押业务在我国各地实践中逐步开展。比如，福建省林业厅已与中国人民银行福州中心支行、中国保险监督管理委员会福建监管局分别签订了银林协作备忘录和推进福建省林业保险试点工作的备忘录。此举将创新林业投融资体制，以林权证抵押贷款和森林保险业务将在福建省逐步推开，银林合作力度将逐步加大（张华坚，2005）。

3. 出资与信托

林权出资是指林权所有者以其林权作价入股，或者作为合作造林、经营林木的出资、合作条件的行为。林权作价入股已经为我国司法实践所接受，但森林资源自身具有的双重属性使其价值评估体系一直难以科学地建立，为其通过入股方式实现产权设置了障碍。比如，印度加尔各答农业大学德斯教授 2001 年对一棵树的生态价值进行了计算：一棵 50 年树龄的树，以累计计算，产生氧气的价值约 31200 美元，吸收有毒气体、防止大气污染价值约 62500 美元，增加土壤肥力价值约 31200 美元，涵养水源价值 37500 美元，为鸟类及其他动物提供繁衍场所价值 31250 美元，产生蛋白质价值 2500 美元。除去花、果实和木材价值，总计创值约 196000 美元。尽管这种计算方法具有一定的科学性，但在实践中还难以被人们普遍接受（陈远树，2005）。

笔者认为，林权入股对我国森林资源私有产权的集团化具有重大的意义，它有助于形成私有产权的有机组合，形成以民间组织为表现形式的森林组合，从而实现规模效应，有效地克服私有产权人因林地分散而造成的固有弊端，同时有利于国家对此进行宏观调控。因此，应当加紧研究制定科学的切实可行的森林资产评估方法。

信托则是指委托人将财产权移转或使受托人依信托本质，为受益人的利益或为特定之目的，管理或处分信托财产。在信托制度的架构下，林权人通过签订信托契约，将林权移转给信托机构或专门的林业公司。还可分割因设定信托而拥有的信托受益权，将其转让给投资大众，受益权可以以受益证券或受益凭证的形式出现，以实现资产证券化的目的。因此，林权人可以通过信托机构作为资产证券化的导管获取社会资金。与公司制度比较，信托制度的优点在于消除了信托财产林权的破产风险。因此，信托制度是吸收社会资金、有效实现林权的较好选择（高桂林、吴国刚，2005）。在英美法系国家，国有森林及私人无力经营的森林一般通过信托形式委托给专业的林业公司经营，这种做法值得我国借鉴。

4. 继承

继承是当林权所有人是自然人时，如果林权所有人死亡，其继承人可以根据《继承法》取得该林权的事实行为，此处的"继承"不同于民法理论中的"继承"，这里的继承是林权的一种流转方式，是林权主体的变更，是一种事实行为。民法中的继承是一种法律制度，"即在公民死亡时，其法律规定范围内的近亲属，按照死者生前所立的有效遗嘱或者法律的规定，依法取得死者所遗留的个人合法财产的法律制度"（蒋月、何丽新，2005）。《继承法》规定了林木可以继承，《农村土地承包法》《物权法》规定林地承包经营权可以继承。而耕地承包经营权是不能继承的，其原因有二：一是家庭承包的耕地具有生产资料和社会保障功能，对耕地的分配乃是追求公平价值，如果允许继承，则导致有些农户每人有几份；二是耕地承包经营权具有成员权的性质（曹务坤，2007）。而林地主要还是生产资料，按农民的话说，耕地资源保障的是他们的"米袋子"，而林地资源满足的则是他们的"钱袋子"（郑宝华，2003），林地资源更应注重效率，鼓励流转。再者植树造林获利周期长，如果不允许林地继承，则会挫伤林权所有人的积极性。

5.3.1.6 制定具有操作性的集体林权流转程序

建立林权流转市场，需要一定的市场规则来约束和规范交易行为，以确保林权流转的顺利进行。林权流转应当以林地流转为核心，区分林权的性质（国家所有、集体所有或者公民、法人、其他组织所有），一般应遵循申请、许可、协议、登记和公示等程序来进行。首先，林权的流转必须以林权证为凭证，即权属已经明确、已经依法取得作为流转标的的森林、林木和林地的林权证。其次，集体林权的流转，必须经本集体经济组织 2/3 以上成员或村民代表同意，报乡镇人民政府备案，超过规定面积的，要由乡镇人民政府审核；同等条件下本集体经济组织成员享有优先购买权。林权流转方案须张榜公布。流转必须进行林地林木资产评估。资产评估由依法取得森林资产评估资格的中介机构承担，评估机构进行森林、林木和林地的资产评估，必须遵守国家规定的森林资源评估技术规范。再次，林权流转的双方当事人应当签订书面合同。流转合同除具备合同的一般条款外，必须包括以下条款：流转林地的名称、坐落位置、"四至"界线、面积、蓄积量；林权流转期限（流转期限不得超过林地使用期的剩余期限）；流转林地的用途（未经批准不得改变林地的用途）；流转费用及支付方式；更新造林主体；争议解决方式。最后，应当依法办理变更登记手续，未经登记，林权流转无效（陈远树，2005）。

5.3.2 规制政府行为，健全林权流转交易监管体系

在目前我国的集体林权流转实践中，由于过于强调政府的规制作用，存在相关职能部门对林权流转服务管理工作不到位、过分甚至非法干预林权流转的情况。因此，必须重新定位政府在林权流转中的职能，回归其指导、服务和监督的职能本位，既要建立必要的行政调控机制，更要强化其服务社会的功能。

5.3.2.1 以登记确权为工作核心

如前所述，我国林权流转应当确立债权形式主义物权变动模式，而该模式把登记作为林权成立的要件，登记是一项林权成立、变更和消亡的唯一依据。依照我国的司法传统和习惯，林权的登记机关不可能是法院，而只能是行政机关。因此，行政机关做好登记发证服务工作，是规范林权流转的前提和基础，没有良好的登记工作，就没有规范的林权流转。

（1）尊重历史和现实，规范登记发证工作。森林资源产权登记工作应分类进行，对不同权属、不同林情的林地或林木登记工作采取不同的形式进行。自留山以林业"三定"时期规定为准，凡已造林或封育并达到成林标准的，林木所有权归农民个人所有，应进行森林资源产权登记和换发证书；承包经营集体山林的，因林地所有权归集体经济组织所有，林权证颁发给集体，承包者不予颁发林权证；集体林木已经作价转让给其他组织或个人的，林木所有权归受让者，予以登记发证；合资、合作造林的，林木所有权共有，林地权属不变，林权证发给森林资源产权登记的代表人；义务植树栽植的林木归林地所有者所有，并给予登记发证。

（2）明确林权登记变更程序。受让人按照转让合同的规定支付转让金后，应当会同转让人向核发原森林资源所有权或者使用权证书的县级以上人民政府林业主管部门申请办理权属变更登记手续。办理森林资源产权流转变更登记手续应当具备以下条件：①持有流转的森林、林木和林地的林权证；②国有林权流转须持有林业主管部门及同级人民政府国有资产管理部门批准同意流转的批准文件，集体林权流转须持有村民会议或者村民代表会议同意的决议和乡镇人民政府的批准文件；③流转合同；④按规定进行评估的森林资产评估报告。

（3）规范禁止办理登记的情形。有以下情形之一的不予办理森林资源产权变更登记：①森林资源产权流转时发生森林资源产权争议的；②集体林权流转未经本集体经济组织 2/3 以上成员或村民代表同意的；③国有林权流转未经资产评估和上级主管部门批准同意的；④银行贷款项目、其他贷款造林项目林权流转未明确还贷主体的；⑤超过经营期限签订森林资源产权流转协议的（周树林、李燕、安然，2005）。

5.3.2.2 把好林权流转审核关

审核指林业主管部门对提交的流转申请进行审查，对申请流转林地的所有权或使用权证书、林地坐落位置、"四至"界线等进行核对，以确保林地流转过程的合法和安全。对集体林权流转必须把好三个关键环节：其一，集体林权的流转，必须经本集体经济组织 2/3 以上成员或村民代表同意，报乡镇人民政府备案，超过规定面积的，要由乡镇人民政府审核；其二，流转必须进行林地林木资产评估；其三，不存在林权纠纷。

审核机构。林权的转让应当由转让人报经管理该林地林木的县级以上人民政府林业主管部门审核批准。林业主管部门按照下列权限对转让林地林木的申请进行审核或者审批。①面积 500 公顷以下的，由县级人民政府林业主管部门审核或者审批；②面积 500 公顷以上 1000 公顷以下的，由市人民政府林业主管部门审核或者审批；③面积 1000 公顷以上的，由省人民政府林业主管部门审核或者审批（周树林、李燕、安然，2005）。

审核流程。林业主管部门在接到流转申请后，对申请者提交的材料逐项审查。审查的项目包括：申请留转的森林、林木和林地位置、"四至"界线、林种、面积或者株数等数据是否准确；林权证明材料是否合法有效；有无权属争议；附图中标明的界桩、明显地物标志与实地是否相符合。为了全面、准确地掌握流转林地或林木的归属等情况，审核人员应进行实地勘察，积极寻求林地所在地的乡镇等基层组织的配合，共同进行勘测。"四至"界线是审核工作的重点和难点，针对目前"四至"界线确定中存在的困难，应尽快将林相图的比例统一，避免因为比例不一致而产生的技术纠纷，并且要提高测绘地块面积的准确性，加大技术含量高的面积测绘仪器（如 GPS）在审核过程中的使用力度。审核完成后，应按照规定将审核结果填表并绘制成图，明确流转林地的位置和毗邻关系。

林业主管部门在完成初步审查后，应督促乡镇一级林业主管部门进行实质审查，将初步审查的结果移交乡镇林业主管部门复审，如审核合格，则在审核确认表上签字返回初审林业主管机构。初审林业机构对两次审查结果进行核对，若无异议后，再由主管领导审查并签字确认，并将最终核查结果交给申请者逐项确认（李裕等，2008）。

5.3.2.3 规范林权流转档案管理

森林资源档案是对我国林业发展历程的真实记录，是我国森林资源产权制度演变的历史见证。森林资源档案记录了新中国成立以来林地权属的动态变化、林地流转的速度和规模、林地产权利用状况等，是我国林业发展的宝贵经验和教训总结。首先，加强森林资源档案管理是尽快完善林地流转市场必不可少的重要条件，对于深化我国林业改革有着举足轻重的作用。其次，深化对森林资源档案信息的开发利用对于减少森林资源产权纠纷、完善森林资源产权制度具有重要的现实意义（盛婉玉，2007）。森林资源档案管理制度的完善应着重从以下几个方面入手。

1. 森林资源档案收集的规范化

森林资源档案的收集作为森林资源档案管理工作的第一步，是森林资源档案管理各后续步骤的基础。做好森林资源档案的收集工作，有利于各后续工作的开展，是整个森林资源档案管理工作不可忽视的重要环节。森林资源档案收集工作的成效如何，在很大程度上决定了整个档案管理工作的成效。森林资源产权登记工作完成以后，登记人员应及时将收集并整理好的权属文件材料，经权属登记机构负责人审查合格后，送至森林资源档案管理机构立卷归档，森林资源档案管理机构应当按照档案管理的规定对归档的各种森林资源档案进行验收，不符合要求的，不予归档，责令档案上缴者重新整理，且尽快上缴。任何单位和个人都不得将森林资源产权文件材料据为己有或拒不归档。及时对森林资源进行整理归档，是森林资源产权登记部门和森林资源档案管理部门的共同义务，为实现森林资源档案收集的快速度、高质量，森林资源档案管理部门应当加强和森林资源产权登记机构的沟通和交流。为反映森林资源产权变动过程全貌，归档的文件材料应当包括：申请林地林木资产产权变动单位所提供的林权证及有关证明，林地的概貌、面积，林地产权，林地林木资产评估报告和其他有关证明材料，林地使用状况，流转面积、年限、价格，流转后使用状况，流转合同与协议，异议材料，林权证发放登记表，林权登记申请表以及其他相关数据和图表资料等。

2. 森林资源档案材料的标准化

森林资源档案材料的标准化包含两层含义：档案内容的真实性和档案归档的系统性。首先，档案内容的真实性指的是归档材料应当真实地反映森林资源产权变动工作中的实际情况和过程。为此，森林资源档案管理人员必须随时掌握林权流转动态，监督并指导森林资源权属登记人员做好上缴档案材料的收集、整理工作。对登记人员上缴的权属文件材料，实施定期或不定期检查，严把森林资源档案材料的质量关，以防归档材料失真和不完善。对于归档材料的格式应当有明确的规定，手写材料应当规定纸张大小、用笔种类、书写规范等；打印材料应当说明排版和打印的格式要求；需要运用图表和数据的部分，务必做到图形清晰、数据准确。归档的材料一般应为原件，若原件无法提供的，经森林资源产权管理部门批准，可以提交复印件，但复印件务必由经办人与原件核对、签字或盖章。其次，档案归档的系统性指的是森林资源产权变动材料的归档应保持材料本身的有机联系，以便于查找。组卷时，对综合档案文件材料按照发文机关形成的时间顺序排列，密不可分的文件材料依序排列。密不可分的材料包括正件与副件、请示与批复、正本与定稿。档案的排列依重要性及形成的时间顺序排列。同一材料项目，文件材料在前，图样在后。有了统一的顺序，可以很容易发现文件资料是否齐全。在档案的管理利用中，档案人员可以及时为森林资源产权登记、森林资源产权流转、山林纠纷调解等各项工作提供服务（周冬梅，2005）。排列的标准化、系统化也为收集、检索、利用森林资源产权档案创造了条件，提高档案归档的系统性，使利用者可以方便快捷地查找需要的资料，从而有利于提高森林资源档案的利用水平。

3. 森林资源档案管理的现代化

随着森林资源产权制度改革进程的推进，森林资源档案的数量不断增加，档案管理的难度加大。旧式的档案管理方法不仅浪费人力和物力，而且难以保证档案的完整性和有序性，已经越来越不适应林业经济发展的需要。随着计算机技术的发展和在档案管理工作中的运用，森林资源归档材料的录入、档案的整理、编写目录、检索等各个业务环节都可以借助计算机便捷地完成。为实现森林资源档案管理的现代化，应当加强森林资源档案管理网站建设，开展网上浏览服务，设立档案查询窗口，增添森林资源咨询、交流、编写等各种检索工具；加强县、市、省各级档案管理机构的紧密联系，加强信息流通和经验交流；开发森林资源档案的计算机管理系统。

5.3.3 推动社会力量，完善林权流转交易服务体系

人们常说森林是"绿色银行"，但是，如果林地林木没有进入流通市场，就显现不出其价值，无法"取款"，一旦盘活则将释放出无法估量的巨大能量。因此，要建立完善的林权流转交易服务体系，主要提供林权交易信息服务、交易中介服务、交易合同服务、林业科技与法律服务等多种服务。

5.3.3.1 林权流转交易信息和中介服务

首先，构建林权流转市场中介服务机构，使流转双方对流转信息充分了解，以选择最佳流转对象，保障流转交易的质量。但森林资源市场流转中介机构不应等同于社会上的房产中介机构要获取暴利，而应本着为广大林农服务的理念由政府相关部门扶持组建，并以出让方和受让方公平流转服务为原则，提供全面、真实的森林资源产权信息，让受让方了解森林资源及产权情况，做到对流转信息心中有数。中介机构可采用与房产中介机构相同的方式，将欲出让或欲受让的一方在中介机构登记相关信息，包括林权证是否齐全，森林资源生长情况、采伐年限、所种植树木品种以及林地地理位置、承包年限等，在受让方有意愿受让某片成林或林地时，可提供森林资源评估中心对出让方林木或林地的评估价和出让方的联系方式，在参考价的基础上再自由协商森林资源的最终定价（马莉祯，

2009）。

其次，构建森林资源产权流转电子交易信息平台。通过互联网进行电子交易是目前世界上证券、期货、商品市场通行的做法。其优势在于覆盖面广，交易迅速、便捷，安全性好。用先进的网上银行系统，为市场提供全面的网上结算服务。林权流转市场应聘请计算机专业机构开发电子流转系统，架设 DDN 专线和银行直接联网，森林资源在进行电子撮合流转时可以随时通过银行划款。另外，还应依法注册"林权流转市场"门户网站，它将为市场进行森林资源产权流转挂牌、信息披露，实现会员之间资源共享提供一个重要的交流平台（刘荷芬，2006）。

再次，拓宽农村林权流转市场的信息提供渠道。流转市场可协助地方林业部门做好信息供给工作。①及时向林农提供政府改革动向的有关信息，增加改革的透明度。②对农村经济信息流转渠道进行改革，尽量减少信息流转环节，以提高信息流转效率。③在充分调动和挖掘现有信息服务组织潜力的基础上，通过多种渠道，如广播、电视、收音机、宣传车等来传播林业信息，深入农村进行宣传，让广大林农及时了解现行的林业政策、林业市场行情。④收集、整理与发布与林权流转相关的信息，包括将要进行流转的流转物的信息和已经完成流转的流转物信息、成交价格及成交条件等（姚星期、温亚利、丁文恩等，2008）。

5.3.3.2　规范林权流转合同服务

产权经济学认为："契约是人们用以寻找、辨别和商讨交易机会的工具。在所有权激励人们去寻求对其资产最具生产力的使用方法的同时，缔约自由降低了辨别的成本。"出让者和受让者通过签订林权流转合同的方式达成交易，可使交易内容更加透明，交易成本相对降低，交易的有效性增强，交易目的实现的可能性更大。但目前我国林权流转合同的订立尚不规范。比如：合同内容残缺不全、条款不明、对合同纠纷处理的相关内容不足等，严重损害了交易双方的利益。为了规范交易行为，提高交易的有效程度，必须建立和完善林权流转合同制度。林权流转合同制度的完善，可以有效防止违约或者减少违约以及降低因此而产生的交易成本，促使和保障林业经济高效率运行。

通过提供林地流转合同服务，可使流转双方签订的合同能够做到两点：一是在事先订立合同时，应尽量订得完备、准确，避免因条款不明而发生不必要的争议；二是要通过法律的方式制裁违约行为，由受害者直接承受的违约成本通过法律的方式转由违约者承担，以提高合同的履约率（徐秀英，2004）。以下主要从规范流转合同的内容和合同纠纷的处理两个方面完善林权流转合同制度。

规范的流转合同应包括以下内容：①流转主体，包括出让者和受让者的名称、住址、法定代表人及合法代理人的姓名；②流转客体，包括林木（活立木）的所有权和林地的使用权，具体涉及流转的林种、树种、林龄、森林和林木的面积和蓄积量、林地坐落位置、"四至"界线等；③流转的价格、支付时间和支付方式；④转让期限以及起止时间；⑤流转双方的权利和义务；⑥流转林地的用途，森林防火和病虫害防治责任的承担；⑦合同期满时森林资源存量的补偿；⑧违约责任；⑨风险承担办法、森林更新责任和护林防火责任；⑩解决争议的方法。林业主管部门应当制定林权流转合同的示范文本，供林权流转当事人双方在订立合同时参考。

林权流转合同纠纷的处理原则包括：①公平、公正原则，合同订立双方法律地位平等；②以事实为依据，以法律为准绳；③调解为主，仲裁为辅。林地使用权在流转过程中发生纠纷的，应当具体案件具体分析，进行实地调查，在大多数群众认可的情况下，通过协商来解决问题。在调查过程中摆明事实，讲清道理，用法律和政策来说服双方当事人，按合同约定履行合同；协商解决不成的，可由林地使用者所在乡（镇）人民政府进行调解处理，调解无效或当事人对调解结果不服的，可以向仲裁委员会申请仲裁，仲裁委员会要依据我国《森林法》《农村合作经济承包合同管理条例》等有关政策法规，对林地转让合同纠纷进行仲裁，并下达仲裁决定书，对拒不执行仲裁决定的当事人，要通过法律程序对仲裁结果强制执行。经调解和仲裁仍无法平息的纠纷应及时向人民法院提出诉讼请求，发挥人民法院的审判职能处理纠纷。人民法院是林权流转合同纠纷案件的审判机关。案件的审理应当根据《森林法》《关于审理农业承包合同纠纷案件若干问题的规定（试行）》等中央有关政策规定进行。违约责任的确定不但要明确赔偿损失、支付违约金等财产责任，而且要明确相关主体的刑事责任和行政责任。

鉴于目前集体林地承包合同纠纷多发的现状，充分发挥农村基层组织的调节作用是非常必要的。乡镇应设立专门机构和安排专人负责林地承包合同纠纷的调解工作，合同纠纷一旦发生，要及时处理和解决。为防止林权流转合同纠纷的出现，基层组织应在平时加强对农村群众的法律意识和法制观念的教育，让更多的林地承包者了解相关政策和法律规定，主动运用法律武器维护自身利益。同时，为保证调解工作的合理性和合法性，调解机构应该加强与法院等部门的沟通，由法院对流转合同纠纷的调解工作进行法律上的指导。法院还应帮助群众完善承包合同，明确规定合同主要条款，帮助群众树立重视合同观念；对审理的合同纠纷案件应加以归类，找出发生纠纷的共性，并向林业管理机构提出司法建议，使其更好地运用行政手段来规范合同行为。

5.3.3.3 提供林权流转交易其他服务

1. 代理林地林木资产评估

林地林木资产价值的确定是林地林木流转、抵押贷款和林业保险等得以实现的前提。对于集体林权的流转，必须进行林地林木资产评估。中介服务机构具有信息优势，可以代理相关集体林权的评估事宜，为集体经济组织或者农民提供安全、便捷的林地林木资产评估服务。

2. 代理金融保险业务

由于林业生产周期较长，经营风险大，资金周转较慢，资金占用时间过长，因而贷款利息较高，贷款金额过低，而且林业保险面较窄，这些问题严重制约着林业的融资和发展能力。通过中介服务机构可以极大地促进此项工作。其一，抵押贷款的抵押人涉及农村信用社、中国农业银行、邮政储蓄银行等，这些金融机构对于办理集体林权抵押贷款业务的规则、条件、程序和方法都有一定差别，集体经济组织或者农民完成此项业务的难度较大，而中介服务机构就可以发挥其专业优势，为集体林权抵押贷款提供方便、高效的服务。其二，纵观国内外的林业保险状况，基本上都属于一种政策性保险，主要是由政府来提供资金，但建立林业保险离不开中介服务机构，这些机构可以协助政府更好地开展林业保险工作。

3. 建立完善科技推广体系

林业的发展需要科学经营，因而需要科技支撑。要重视林业科学基础研究、应用研究和高新技术的研发，提高林业的科技创新能力。加强林业科技推广服务体系建设，必须要建立和健全各类社会化服务组织，积极推动非公益性科学研究和技术推广走向市场，开展科技技术咨询服务，加快科技成果转化。

5.4 小结

本章研究的主要结论如下。第一，尽管在短期内集体林权私下流转仍然存在着流转成本低、期限短等优势，但是从长远发展来看，只有实行公开流转，推行流转市场化运作，充分发挥市场的基础性作用，同时合理发挥政府的调控作用，寻找市场调节和政府调控两种资源配置机制的最优组合，才能推进集体林权流转的有序性、适度性及高效性，实现资源优化配置。第二，集体林权流转交易制度由交易规则体系、交易监管体系、交易服务体系等三个制度体系组成，三个体系是集体林权流转交易制度的"三驾马车"，相互影响，相互作用。第三，集体林权流转交易制度存在着林权流转法律不完善、流转平台不规范和服务管理不到位等三大缺陷。第四，在分析集体林权流转交易制度体系缺陷的基础上，提出完善集体林权流转交易制度的基本路径，即制定流转立法，规范林权流转交易规则体系；规制政府行为，健全林权流转交易监管体系；推动社会力量，完善林权流转交易服务体系。

　　本章蕴涵的政策意义是：在集体林地林木流转市场发育初期，市场机制不甚完善，政策规制可成为引导市场发育、消除市场失灵的有效干预手段。但从长远发展来看，合理发挥政府的调控作用，完善集体林权流转法律法规，培育社会中介服务力量，充分发挥市场调节和政府调控两种机制的作用，大力推动集体林权公开流转，才是集体林权流转交易制度发展的必由之路。

6

集体林权流转价格制度

集体林权流转价格制度是集体林权流转制度体系的核心制度之一。虽然集体林权流转存在已久，但由于集体林权流转市场发育尚不成熟，因此没有建立起规范的林权流转价格机制，严重影响了集体林权权利人收益权的实现。本章的研究内容为：第一，概述了林地林木流转的价格理论、体系及公式，将林地林木流转分为林地流转和活立木流转，分别建立价格结构体系，并基于福斯特曼（Faustmann）林价公式等，推导出基本林地林木价格公式；第二，总结了当前集体林权流转价格制度存在的问题；第三，在深入分析价格制度存在缺陷的基础上，提出了完善集体林权流转价格制度的基本思路，并重点探讨了如何规范林地林木资产评估。本章内容分析框架见图6-1。

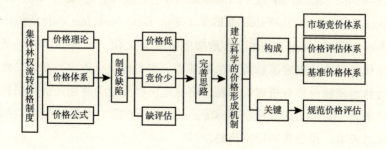

图6-1 分析框架图

147

6.1 集体林权流转价格制度概述

林权流转价格属于交易价格，指林地林木在市场交易中成交的买卖价格，是林地林木流转市场的核心内容。

6.1.1 林权流转价格理论

1. 林地价格理论

林地指由一定数量的光、热、水、土壤组成的林业用土地，是作为自然物的林地"土地物质"。林地价格理论可追溯到土地价格理论。西方经济学中的土地价格理论可大致分成三类。第一，马克思地租理论。该理论认为土地价格是地租的资本化，计算公式可表示为：土地价格 = 地租 ÷ 还原利率。第二，土地收益理论。该理论认为土地价格是土地经济地租的资本化。其中，经济地租是土地总收益扣除总成本的余额。第三，土地供求理论。该理论认为，土地与其他商品一样，其价格取决于本身的供给和需求。土地供给增加，需求不变，则地价下降；土地供给减少，需求不变或增加，则地价上涨（高岚，2006）。随着土地价格理论的发展，各种林地价格理论得以形成。林地价格数量化的计算方法始于 1788 年，奥地利税务局的一位职员从税收角度提出了"奥地利官方评价法"。1849 年，福斯特曼（Faustmann）发表的论文"On the Determination of theValue Which Forest Land and Immature Stands Possess for Forestry,"基于土地期望价值最大化，提出了森林最优轮伐期理论，奠定了林价理论的基础。本书选择土地收益理论，作为林地流转价格分析理论基础，将林地价格界定为林地经济地租的资本化，采用福斯特曼（Faustmann）林价公式，将营林总收益扣除总成本，得出林地理论价格。

2. 林木价格理论

本书中的林木主要为活立木。由于当前生产经营领域中的活立木多为人工林，在此以人工林为例分析林木价格理论。作为一种特殊形式的商品，人工林的价值形成同一般商品一样，是在商品的生产过程中由劳动创造的。林木生产过程，首先为物化劳动过程，所消耗的生产资料包括林木生长必需的土地、播种和防火设备等固定资产、杀虫剂等生产资料。土地、固定资产和生产资料的价值在生产林木资源的过程中逐渐转移到新产品中去，形成转移价值，可用符号 C 表示。林业生产过程也需活劳动的消耗，包括培育林木资源过程中所花费的体力和脑力劳动、造林规划设计、选种育苗到抚育管理等一系列连续的生产过程中投入的人力资源等。活劳动消耗构成林木的新创造价格，其一为林业劳动者在林木生产过程中为自己创造的价值，表现为劳动者得到的报酬；其二为林业劳动者为社会创造的价值，表现为利润和税金。以上两部分分别用符号 V 和 M 表示。因此，人工林与一般商品一样都凝结了一般的、无差别的人类劳动，其价值为 $W = C + V + M$，其经济实质可以归结为生产林木的人类抽象劳动的凝结。人工林价格涵盖生产成本、税费和利润。人工林生产成本是其价格的最低界限，也是影响其价格的主要因素。生产成本一般包括造林费、经营费、管理费、资金使用利息等四部分。由此，活立木价格计算方法可归为两类。第一，正算法，按照立木价格的形成过程和林价构成因素，以培育立木的劳动消耗为主要依据正向计算出林价。第二，逆算法，以林木预期收益为主要依据倒算出立木价格——林价。本书采用了逆算法中的林木销售价法。

3. 林地林木价格与流转价格的异同

林地林木流转为原权益主体将林地使用权和林木所有权转让给其他自然人和法人，流转价格为权益变更获得的货币化收益。原权益主体以某价格水平将活立木转让给其他自然人或法人，该价格既是活立木价格，也是活立木流转价格。换言之，在林地林木发生初次流转时，价格与流转价格具有一致性，流转价格是价格在流转过程中的表现形式。然而，获得林地使用权和林木所有权的自然人和法人将林地林木进行再次流转，形成流转价格，该价格与林地林木价格却不尽相同。在再次流转中，第二个流转价格不仅包括林地林木价格，而且包括转出方的利润，第二个流转价格高于第一个流转价格，即林地林木价格。通常，再次流转中的利润值越高，第二个流转价格与第一个流转价格的差值越大。在本章中，主要关注了第一次流转及第一个流转价格，即考虑了生产成本、税费和利润的林地林木价格。

6.1.2　林权流转价格体系

林地林木流转因流转对象、流转时期、流转权利的不同，转出方和受让方之间发生的产权变更存在差异。因而，在流转市场中，出现多种不同的流转价格。基于对流转价格体系的分析，笔者分析了不同权利变更的林权流转中农户获得的差异性流转收益。林地流转价格体系大致可分为林地流转价格和无林地流转价格两个体系，具体涉及不同的流转对象、流转时期、流转权利等内容。现行体系中，流转的均为林地的使用权及伴生的其他权利，如有林地的流转主要涵盖林木所有权和林地使用权。此外，有林地的流转还涉及与其相关的林下产品处置权、收益权的流转。无林地流转价格体现的是有关林地使用权的交换价值，是林地与货币或者等值实物的交换价值。国内有学者归纳的流转价格体系中包括林地租赁价格，但租赁实际上就是短期转让林地使用权，与长期转让的差异仅体现在流转期限方面。因此，本书中没有将租赁价纳入流转价格体系。

活立木流转价格一度被纳入有林地流转价格研究范畴，即活立木流转被认为伴生于有林地流转。当前，参与流转的活立木主要是成熟林或过熟林，流转期限多为 1~2 年，流转对象是成熟林木所有权和收益权。在林地流转中，转入的林地被作为生产要素，而在活立木流转中，所涉及的林地使用权只是作为转入的活立木收益权得以实现的载体。由此，活立木流转已从有林地流转中独立出来。

活立木流转价格即获得既定活立木所有权和收益权的货币支出。还可分为裸价和实价，裸价为不包括需缴纳的育林基金、检尺费、作业设计费等林业规费的林木价格，而实价则包括上述林业规费。从活立木到原木，还有采运费发生，活立木流转价格要低于原木市场销售价格（谢屹，2008）。

6.1.3 林权流转价格公式推导

（1）福斯特曼无林地价格公式。

福斯特曼公式已成为研究营林收益最大化的理论基础，并且被诸多营林公司用以指导生产实践，诸如美国的惠好公司、国内的金光集团和嘉汉集团均用该公式计算林地预期收益。在此，基于杨馥宁等学者翻译的福斯特曼论文，简要分析福斯特曼无林地价格公式，用于推导轮伐期为25年、合同期为30年的林地理论流转价格。

为分析简便，以下分析中仅考虑一个轮伐期无林地价格公式。无林地价格为林地经济地租的资本化，经济地租是确定无林地价格的关键。福斯特曼提出的林地地租公式有如下假设。

假设一，相关林业生产投入若不投入林业生产活动，可存入银行，获得利息收入，即应以利息率 r 考察资本的时间效益。

假设二，林地经营收入以林木采伐收入计量，既包括主伐收入，也包括间伐收入。主伐收入发生在轮伐期的最后一个年份，而间伐收入发生在轮伐期内的单个年份，但以轮伐期末总收益计量。

假设三，在轮伐期内，林地经营支出包括造林成本、管理和看护费用（下简称为"管护费"）、地租（即土地使用费）。其中，造林成本为一次性支出，管护费和土地使用费在林地轮伐期内每年均有发生，假定每年发生费用相等。

假设四，营林总收入与总支出相等，即采伐林木的收入与营林所发生的土地使用费、造林费和管护费总计相同。该假设的含义为，若既定资本投入林业生产活动，实现的收益率等同折现率。

对无林地地租公式中相关变量的定义详见表 6 - 1。

表 6 - 1 变量定义表

变量名	定　义
R	总收益现值
E	主伐现金收入
D（a）	一个轮伐期内第 a 年的间伐收入
C（a）	一个轮伐期内第 a 年的间伐成本
TC	总支出现值
C	期初造林费用
A	管护费总额
AA	年度管护费用
R	土地租金总额
AR	土地年租金
t	轮伐期长
r	折现率

以期初价地租公式进行推导，即将所有的收入与支出都折现到一个轮伐期的初始年份，通过分别计量总收益、总支出，换算出地租。在此假定主伐和间伐收入都为期末获得，营林成本为期初发生。

一个轮伐期内总收益现值为：$TR = \dfrac{E}{(1+r)^t} + \sum\limits_{a-1}^{t-1} \dfrac{D（a）}{(1+r)^a}$。其中，a 指间伐年份，在不间伐年份 D（a）=0。

总支出：$TC = C + \sum\limits_{a-1}^{t-1} \dfrac{D（a）}{(1+r)^a} + R + A = C + \sum\limits_{a-1}^{t-1} \dfrac{D（a）}{(1+r)^a} + \dfrac{(AR + AA)\left[(1+r)^t - 1\right]}{r(1+r)^t}$。

根据假设四可得地租公式为：

$$AR = \left(\dfrac{E}{(1+r)^t} + \sum\limits_{a-1}^{t-1}\dfrac{D(a)}{(1+r)^a} - C\right)\dfrac{r(1+r)^t}{(1+r)^t - 1} - AA \qquad (6-1)$$

在此，以 P 代表无林地价格，则无林地价格为 t 期地租的总和。定义 D（a）=0、C（a）=0，即营林只有主伐收入，则无林地林价公式为：

$$P = \frac{AR}{r} = \left(\frac{E}{(1+r)^t} - C \right) \frac{(1+r)^t}{(1+r)^t - 1} - \frac{AA}{r} \qquad (6-2)$$

假定地租在当年年末支付，合同期为 30 年的无林地价格公式可表示为：

$$P = AR \frac{(1+r)^t - 1}{(1+r)^t} = \left[\left(\frac{E}{(1+r)^t} - C \right) \frac{(1+r)^t}{(1+r)^t - 1} - AA \right]$$
$$\frac{(1+r)^{30} - 1}{(1+r)^{30} r} \qquad (6-3)$$

（2）有林地价格公式。

有林地与无林地的显著区别在于生长了既定数量、林龄的林木资源，可以视为既定面积的无林地，通过造林和管护，到了与林龄相同的年度，并发生了相应的造林费用和管护费用。在此定义 u 为有林地上林木资源的林龄，以当前年作为计量年度。假设 D（a）=0，即营林只有主伐收入。用 PF（u）表示当前林龄为 u 年的有林地价格，ARF（u）为有林地年租金。那么有林地价格公式为：

$$PF(u) = \frac{E + P}{(1+r)^{t-u}} - \frac{AA}{r} [1 - (1+r)^{u-t}] \qquad (6-4)$$

该公式蕴意为：林主在 t - u 后采伐现有林分获得纯收入 E，同时出售采伐后的林地，林地出售收入为 P，那么林主在 t - u 后得到的收入为 E + P。上式中等号右边第一项为 E + P 的现值，第二项为林主需要付出的费用，为现有林分采伐前每年的管护费。将无林地价格公式代入公式（6-2），可将有林地价格公式转换为：

$$PF(u) = (1+r)^u \left[\frac{E - C}{(1+r)^t - 1} \right] - \frac{AA}{r} \qquad (6-5)$$

集体林权流转制度研究

相当于有林地年租金为：

$$ARF(u) = rPF(u) = r(1+r)^u \left[\frac{E-C}{(1+r)^t - 1} \right] - AA \qquad (6-6)$$

由此流转合同期为 30 年的有林地转让理论价格公式为：

$$\begin{aligned} PF(u) &= ARF(u) \frac{(1+r)^{30} - 1}{(1+r)^{30} r} \\ &= \left\{ r(1+r)^u \left[\frac{E-C}{(1+r)^t - 1} \right] - AA \right\} \frac{(1+r)^{30} - 1}{(1+r)^{30} r} \end{aligned} \qquad (6-7)$$

（3）原木和活立木价格公式。

在此，针对活立木受让方，推导转入原木和活立木的成本公式，以构建比较分析模型购入原木。首先对相关变量进行定义，详见表 6－2。

表 6－2　变量定义表

变量名	定义
CT	购买原木的成本
CST	转入活立木生产原木的成本
PT	单位原木市场销售价格
PST	等量单位活立木流转价格
FR	育林基金
FQ	检疫费
FLT	采运费
FT	流转交易费用
CRT	原木购买费用
ρ	活立木采伐指标获得率

在假定采伐指标足额获得（即 ρ＝1）的情况下，受让方选择购买原木或转入活立木生产活立木的成本公式，如公式（6－8）、（6－9）所示：

$$CT = PT + CRT \qquad (6-8)$$

154

$$CST = PST + FR + FQ + FLTI + FT \qquad (6-9)$$

仍以采伐限额制度约束作为分析考虑风险时的转入行为。当考虑采伐指标非足额获得（即 $0 < \rho < 1$）时，就与单位原木等量单位活立木而言，受让方获得活立木也仅为部分单位原木，且比值受采伐指标所得率 ρ 所限。由此，受让方选择转入活立木，其生产原木成本为 CST/ρ。在此情况下，受让方的转入行为决策依据与足额采伐指标获得率水平具有一致性。

6.2　集体林权流转价格制度存在的问题

6.2.1　协议定价比例大，价格偏低

（1）流转市场建立前：集体林权流转价格过低。

以始兴县为例，该县林业局局属林场办场之初，大都是以合作方式经营，即林农出土地，林场出资金，林场负责经营管理，木材采伐后按实际采伐数量计付山价给村民。20 世纪 90 年代，经局林场与农户双方充分协商，大部分林场转为支付固定山价的形式，也即为租山模式，标准为每年每亩 2 ~ 3.5 元，较好地稳定了林农的山价收入。但随着经济社会的发展，林地林木价格的大幅上升，逐渐表现出租金过低的问题。随着集体林权制度改革的深入，这些历史遗留问题逐步暴露出来，有的矛盾还相当尖锐，在一定程度上影响了林区的和谐稳定。

（2）流转市场建立后：流转价格上升但竞价比例不高。

此次林权制度改革中，广东省三个试点县（市）林地林木流转价格较以往有大幅提高。以始兴县为例，通过调整林地租金，大部分林地租金已超过生态公益林补偿标准（7.5 元/亩/年），林区乡镇的大部分林地每年的亩租金都在 20 元左右，最高达 30 元。据统计，林地租金调整后，每年可为群众增收 600 多万元。如果县林业局属下 14 个林场租金从每亩每年 3.5 元提高到每亩每年 7.5 元

左右，年租金 360 万元，每年增加租金还利于民约 220 万元。

但与此同时，也要看到流转市场的建立并未改变以协议定价为主的定价方式，"招、牌、挂"等竞价方式的使用仍然较少。根据四会市集体林权流转市场 2008～2010 年统计资料，除集体林权抵押贷款之外，该市场共有集体林权流转案例 70 个，主要包括林地（包括有林地和无林地）使用权和林木所有权的流转。该市场案例体现出两大特点：一是拍卖适用范围窄，协议定价比例大。拍卖等竞价方式仅应用于林木所有权，而未适用于林地使用权。协议定价案例 60 个，占案例总数的 85.71%。二是拍卖基本无溢价，流于形式。在 10 个林木所有权拍卖案例中，仅有 1 个案例溢价，占全部拍卖案例的 10%①。

6.2.2 缺乏完善的林地林木价值评估体系

林地林木价值的评估是林权流转的前提，如果不能准确地评估林地林木的价值，受损的可能是未来的林主或国家、集体、个体农户，但从林价博弈双方的权利实有程度和相关度来看，由于国家所有权的虚置和虚拟化，国家、集体或个体林农显然处于劣势，博弈的结果很可能导致国有及集体资产的流失，林农权益的损害，这是人们最担心的，也是最不愿意看到的。就目前情况来看，林地林木价值的确定，已经成为林权流转的瓶颈。目前评估领域主要存在以下问题。

其一，评估标准和体系不健全。我国还没有一个完善的林地林木价值的评估标准和评价体系，已有的标准和体系都处在研究阶段，不能完全真实客观地反映林地林木价值。

其二，不具备具有资质资格的专门评估机构。目前，全国还没有一个可以专门进行森林资源价值评估的评估机构，已进行的评估大多数根据国家国有资产管理局、国家林业局的文件（如国资办

---

① 四会市林业局内部统计资料。

〔1996〕59 号文件《关于发布〈林地林木资产评估技术规范试行〉的通知》、财政部和国家林业局〔2006〕529 号文件《关于印发〈林地林木资产评估管理暂行规定〉的通知》等),并结合各地区的实际情况进行,缺乏权威性和科学性。

其三,资产评估的程序不合理。《森林资源资产评估技术规范(试行)》中所规定的森林资源资产评估程序显得有些冗长,不符合市场经济普遍遵循的效率原则,这主要体现在八大程序中的第一个步骤——评估立项上。在这个步骤中,过分强调了政府干涉本应由市场调节的森林资源资产评估行业的职能,将政府的越位管理通过法规的形式合法化了。森林资源资产评估不同于产权变动,它并不存在任何产权的变动,不对森林资源以及国有资产造成任何可能的负面影响,完全属于森林资源资产占有单位与森林资源资产评估单位之间的市场行为。然而这种纯粹的市场行为也必须向政府申请,并由政府审批,反映了政府对于森林资源资产评估市场极强的控制欲望。森林资源资产的评估主要是为流转而发生的,在流转时需要批准并无非议,而在评估时还需批准便值得商榷。其结果是,不仅该步骤的存在可能导致权力寻租的产生,滋生腐败,而且由于多了一个步骤,使得森林资源资产占有单位必须花费更多的时间与精力与政府部门打交道,耽误了森林资源资产流转的时机,大大地遏制了森林资源资产评估市场的发展(张岩,2008)。

6.3 集体林权流转价格制度的完善

6.3.1 基本思路:逐步建立科学的价格形成机制

通过调研发现,尽管目前集体林权流转市场的建立促进了流转价格的上升,但仍然未从根本上改变长期存在的协议定价比重太大、价格偏低的问题。对此,笔者认为必须逐步建立科学的价格形成机制。

1. 科学价格形成机制的构成

第一，科学的市场竞价体系。采用市场化运作，增加定价方式的透明度。集体林权产权出让应由市场定价，应增加竞争性定价方式的比重，如招标、拍卖定价等形式，减少协议定价方式。

第二，合理的基准价格体系。集体林权产权的地域性决定了很难形成一个统一的市场价格，各地应根据自身社会经济发展水平、区位条件、交通运输条件等因素，通过林地林木资产评估，确定森林资源产权出让的基准价。以此作为协议出让、行政划拨等方式出让的价格底线。

第三，规范的价格评估体系。主要包括对有林地、无林地和活立木的价格评估。集体林权流转的交易方式多种多样，其交易价格的表现形式也具有多样性，有出让价格、租赁价格、作价入股和抵押价格，等等。地价的实现与集体林权流转的具体方式有关，根据不同的流转目的选择合适的流转方式，各种交易价格要相互协调。建立专业的林地林木资产专业评估机构，培养专业评估人员，形成省—县（市）—乡（镇）评估机构体系，使不同规模、不同层次、不同地域的林地林木资产都有对应的机构进行评估。对于项目内容简单、技术要求较低的，可由乡级林地林木资产评估机构负责，如农民自留山木材的承包采伐等；对于内容较复杂、技术要求高的，一般由省级资产评估机构进行评估，如森林资产的贷款抵押等。

2. 科学价格形成机制的关键：价格评估体系

无论是"招、牌、挂"等竞价方式中的起拍价或参考价，还是基准价格体系的基准价都离不开资产的价格评估，即集体林权价格评估是集体林权流转价格制度的基础。因此，必须着力解决集体林权资产评估这一根本问题。

6.3.2 规范林地林木资产评估的建议

6.3.2.1 完善林地林木资产评估法规体系

在目前已有的林地林木资产评估管理政策法规中，《关于加强林地林木资产评估管理工作若干问题的通知》（以下简称《通知》）已被废止，而《林地林木资产评估技术规范（试行）》（以下简称《规范》）与《暂行规定》则既存在补充，又存在重复与误读，而且在一些内容上，《通知》要比《暂行规定》更为具体。因此，完善我国林地林木资产评估管理政策法规体系已迫在眉睫。

首先，应提高所出台的相关政策法规的可行性。1997 年的《通知》在可行性上便存在极大的不足，未曾考虑到当前林地林木资产评估市场的现状。因而，在许多省区，林地林木资产评估工作完全遵照该规定执行，每年的评估案例却寥寥无几；而其他一些地区并未完全遵循其规定，其林地林木资产评估工作却开展得有声有色。2006 年的《暂行规定》是否在可行性上有所提高，现在还不得而知，需要通过实践进行检验，但笔者认为极不乐观。

其次，对于政策法规的修订应充分考虑到各方面内容。在本书所涉及的林地林木资产评估管理内容中，评估原则与评估程序主要体现在《规范》中，评估范围、评估机构与评估人员、评估工作的管理则主要体现在《暂行规定》之中，而一些内容相互之间有所渗透，另外一些内容则在两种政策法规中均未提到。因此，在修订时便应考虑到相互渗透的那些内容是否存在矛盾，而对于未涉及的内容，如评估各方应承担责任、相应惩戒措施等，则应予以补充完整。

6.3.2.2　建立林地林木资产评估行业自律制度

林地林木资产评估是一项涉及社会公正的中介服务活动，因此，在评估过程中必须坚持独立、客观、公正的原则，建立起林地林木资产评估行业的自律机制，形成行业行政管理、从业人员自律、评估行业协会监督相互配合的管理体制。林地林木资产评估行业的自律管理要求评估机构以社团成员共同确认的专业准则和行为规范自我教育、自我协调、自我约束，并由社团组织进行指导和监督。目前，在行业自律管理方面起着重要作用的是行业协会（学会）。行业协会通过制定行规行约，监督行规行约的执行，进行行业自律性服务管理，维护行业内部的公平竞争，规范行业行为，促进行业地位的提高，树立良好的行业形象。我国资产评估行业的自律性社团组织是中国资产评估协会，中国资产评估协会成立于1993年12月，是自我管理、自我教育、自我约束、自我完善的全国性资产评估行业组织。曾于2000年与中国注册会计师协会合并，组成新的中国注册会计师协会，又于2004年分开而单独设立。它是由具有合法执业资格的资产评估中介机构和具有较高评估专业知识的个人组成的协会组织，在国家有关法律法规范围内，以协会会员共同确认的规范，拟定注册资产评估师资格标准，组织对注册资产评估师的教育、培训、考试和考核，实行注册评估师制度，对会员的执业行为进行指导协调和监督，组织开展注册资产评估师后续教育培训，负责实施对会员的自律性处罚，组织开展行业对外交流等，实现我国资产评估的行业自律性管理。林地林木资产评估行业的自律管理在《规范》中略有提及，其第一章第六条指出："评估机构和评估人员必须自觉遵守中国资产评估协会制定的资产评估行业标准和操作规范。"因此，林地林木资产评估行业便应纳入资产评估行业之中，由中国资产评估协会来实现自律。

为此，应建立起林地林木资产评估执业资格认证制度。目前，我国许多中介服务行业均建立了与我国市场经济发展相适应的中介服务人员资格认证制度，而林地林木资产评估行业却尚未建立起来。究其原因，我国林地林木资产流转市场份额小，评估需求不大是其最根本的制约因素。然而，我们也应看到，我国林地林木资产评估管理制度的不完善也是其中的重要原因。中介服务人员资格认证制度主要是通过系统的培训与考核，资格认证与执业注册，继续教育与续期注册等方式，确保从业人员达到从业所要求的水准，并实现有效的监督管理（魏立斌，2007）。

6.3.2.3 健全林地林木资产评估管理体系

我国目前林地林木资产评估管理体系使用的是分部型的机械

性组织管理结构，较少具有灵活性与可伸缩性，国有资产管理局与国家林业局对于中介机构的管理权限过于集中，在林地林木资产评估机构数量不多的时候尚可应付，一旦评估需求扩大，评估机构增多，管理单位便难以有效进行管理了。在这种情况下，林地林木资产流转时少评估、不评估以及违规评估的现象便得以发生。另外，在林地林木资产评估的监督方面，监督者即为管理者本身，这也是极不合理的，不但难以对管理者进行有效的约束，导致权力寻租的现象产生，而且加重了管理者自己的负担，使得本来便难以进行的林地林木资产评估管理工作变得更加困难。为此，林地林木资产评估管理体系应当首先按照当前的林地林木资产评估发展状况，并根据提高管理效率的原则来建立，以增加其灵活性（魏立斌，2007）。

对于如何建立一个较灵活的林地林木资产评估管理体系，笔者认为应该从几个方面考虑：第一，进行适当的授权；第二，使管理结构有机化；第三，建立有效的反馈与沟通渠道；第四，提供良好的监督。因此，本书中构建了一个新林地林木资产评估管理体系。在新的林地林木资产评估管理体系中，管理者中增加了一个地方林业局。这并非是增加一个管理层级，而导致管理层次增多以及管理效率降低，因为地方林业局本来便已经作为一个管理层级存在并发挥作用，只不过在《通知》中并未将其当作一个管理者而已。相反，这样将使管理工作更加符合地方的特殊情况，能更加灵活地采取各种促进当地林地林木资产评估的政策措施。在评估机构中，按照当前的实际情况将地方林业局下属评估部门增加进来，主要负责集体林以及小面积的林地林木资产评估工作，便于为广大林农服务，并向林地林木资产的经营者让利。在监督部门的设置中，减少国家林业局与国有资产管理局的直接监督，改为整个林地林木资产评估行业的自律管理，建立相应的行业协会，与国家林业局、国有资产管理局相互接受监督，并展开业务协作。

6.4 小结

本章研究的主要结论如下。第一，应当从林地流转和活立木流转两个角度分别建立价格理论、价格体系和基本价格公式。第二，当前集体林权流转价格制度主要存在三大问题：协议定价比例大、价格偏低、缺乏完善的评估体系。第三，完善集体林权流转价格制度的基本思路就是逐步建立科学的价格形成机制。科学的价格形成机制包括三大体系、科学的市场竞价体系、合理的基准价格体系、规范的价格评估体系。建立科学的价格形成机制的关键问题是规范价格评估体系。

本章蕴含的政策意义是：我国集体林权流转中之所以存在着协议定价比例大、价格偏低等问题，核心问题就是未能建立起科学的价格形成机制，没有完善的市场竞价体系，缺乏合理的基准价格体系和规范的价格评估体系。其中，最关键的就是要规范价格评估体系，因为集体林权价格评估是集体林权流转价格制度的基础。通过完善林地林木资产评估法规体系，建立林地林木资产评估行业自律制度，健全林地林木资产评估管理体系等手段，来解决集体林权评估管理问题。

7

集体林权流转利益分配制度

　　集体林权流转利益分配制度是集体林权流转制度体系的核心制度之一，与集体林权流转交易制度和价格制度紧密联系。流转利益分配制度直接关系到政府、农民集体、林农、生态效益受益者等多方主体的责、权、利统一问题，关系林农和承包造林的集体和个人的生产积极性，对于森林资源的保护，林业生产持续、稳定、协调发展和林区的长治久安具有重要意义。本章的研究内容为：第一，分析了集体林权流转中的利益关系，指出当前集体林权流转中存在的四类利益冲突，为下文做好铺垫；第二，从改进限额采伐政策和完善林业税费政策两个方面，提出完善政府与生产经营者之间利益关系的思路；第三，对于转出方与转入方和农民集体与林农等主体间的利益关系，提出完善建议；第四，在落实分类经营思想的基础上，深入分析生态补偿制度，进而提出完善思路。本章内容分析框架见图7-1。

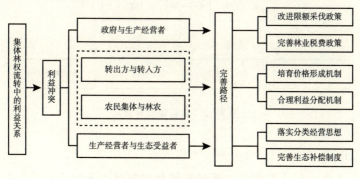

图7-1　分析框架图

163

7.1 集体林权流转中的利益关系分析

7.1.1 集体林权流转中存在的利益冲突

集体林权流转涉及政府、农民集体、林农、其他市场流转主体以及生态效益受益者等多方主体。只有处理好集体林权流转中的各方利益关系，才能实现林权主体收益的最大化，才能优化资源配置，才能促进林业发展、林农增收和林区和谐。在实践中，因利益关系处理不好进而引发了许多纠纷。因此，有必要对集体林权流转中的利益冲突进行深入研究。笔者认为，集体林权流转中主要存在着政府与生产经营者、农民集体与林农、转出方与转入方、生产经营者与生态受益者等四类主体之间的利益冲突，其中农民集体与林农和转出方与转入方之间的利益冲突又可归类为生产经营者内部的利益冲突，其相互关系见图 7-2。

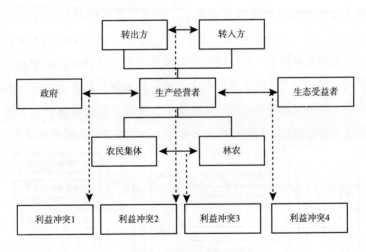

图 7-2 利益冲突种类

1. 利益冲突 1：政府与生产经营者

从政府利益方面讲，通过集体林权制度改革要达到两个基本目标。一是要创造并维护良好的生态环境，不断提高森林覆盖率和森林质量。所以，推进集体林权制度改革，绝不能牺牲生态文明，更不能以破坏生态平衡为代价。二是要实现生态产品和林副产品的多样化。林业的发展除了要为国民创设一个良好的生态休憩场所外，还要尽力保证木材产品和其他林副产品的多样化，以满足国家对木材的战略需求。与政府部门相比，生产经营主体的利益目标较为简单，是以实现自身经济收益最大化作为主要目标（谭世明，2009）。

在集体林地林木流转中，有时政府部门的部分利益目标与市场主体利益目标具有一致性，如政府部门要保障作为转出方的农户正当权益得以实现，也要诱导受让方转入林地林木成为更具有规模的生产单位。但是，有时政府部门的利益目标并不符合市场主体的利益目标，如政府部门为避免林权纠纷产生的长期利益目标，与转出方的短期利益目标不相一致。此时，政府部门从自身利益目标出发，出台了限额采伐、林业税费等政策措施。由于这些政策影响到生产经营者的收益权和处置权，必然引发双方的利益冲突。

2. 利益冲突2：转出方与受让方

在集体林地林木流转中，转出方、受让方的利益目标具有差异性，在各自利益目标实现的过程中相互博弈。转出方和受让方的利益博弈过程，也是林地林木价格形成的过程。作为最大的转出方，农户和农民集体在流转中的利益目标可以分为短期利益目标和长期利益目标。短期利益目标直接指向当前的流转收益，即农户将拥有的林地林木转出收益，获取现金收入。农户和农民集体将林地林木转出的前提在于其具有实现短期利益目标的动机。农户和农民集体长期利益目标指向其拥有林地林木的未来收益，即将林地林木作为一项增殖资产。值得注意的是，农户通过联营、股份合作等方式参与流转，着眼于长期利益目标的实现，即保留了林地林木流转后的收益权。

3. 利益冲突 3：农民集体与林农

从上文分析可见，我国目前集体林地经营方式主要有两种：一是以福建、江西等省为代表的以家庭承包经营为主的经营方式；二是以广东省为代表的以集体统一经营为主的经营方式。无论哪种经营方式，都存在着农民集体与林农之间的利益冲突。从农民集体利益层面看，林业经营收益是集体收入来源之一，特别是山区、林区等财政困难的乡村，对该项收入依赖性较大。如果集体统一经营的林地较少或者集体分成比例不高，就可能影响农民集体的正常运作，影响到修建道路、灌溉设施等集体公共事业的发展。从林农利益的角度看，对于责任山，农民享有占有、使用和收益权，既可以按照自己的意愿直接经营，也可以出租、转让、入股，村集体组织不得随意收回或任意干涉。对于集体统一经营的山林，依据《农村土地承包法》等法律，农民依然具有参与民主决策的权利。因此，在集体林地林木流转中，农民集体与林农的利益冲突主要集中在如何民主决策集体林权流转以及流转收益如何使用和分配。

4. 利益冲突 4：生产经营者与生态受益者

林权具有很强的外部性，这是林权区别于其他权利最重要的特征。作为林权客体的森林具有多种功能，不仅具有生产木材和其他产品的经济功能，而且还具有维护生态、保护环境的功能。森林在发挥这些功能时，发生大量的外部经济现象，如果森林生产经营者得不到相应的经济补偿，就会打击经营者的积极性，因而森林权利安排要不同于其他物权客体。因此，生产经营者与生态受益者之间的利益冲突主要在于生态受益者是否进行补偿、如何补偿、补偿金额如何计算等方面的问题。

7.1.2 协调利益冲突的意义

1. 调动集体山林生产经营者的积极性

制度的作用是多方面的，当它认可或者设立某项权利时，一定会带来相应的义务，制度是权利与义务的统一体。在我国《森林法》的总则中，对集体林经营者的合法权益给予了必要的关注，作出了国家保护林农合法权益，依法减轻林农负担，禁止向林农违法收费、罚款，禁止向林农进行摊派和强制集资等规定。但是，我们也应当看到，在现阶段，林农的生产经营仍然受到限额采伐、税费政策的严重影响。从实践效果来看，限额采伐制度并没有真正限制住森林消耗，制度执行效果并不理想，加之较重的税费负担已大大加重了林农的生产经营成本。因此，在现实条件下，创新集体林采伐管理制度和税费等政策是非常必要的，这将直接关系到林农和承包造林的集体和个人的生产积极性，而且也关系到森林资源的保护及林业生产持续、稳定、协调发展和国家的长治久安。

2. 实现利益相关者的责、权、利相统一

根据产权理论，通过集体林权制度改革，充分保障集体林区广大林农的合法权益，给林农以看得见的利益，并以制度的形式保证收益权的长期稳定，可以充分发挥集体林产权制度的激励作用，产权的约束与激励机制是相辅相成的，二者不能分割。正如阿兰·鲁福斯·华特斯所说，"对未来产权的确信度决定人们对财富种类和数量的积累"。产权的约束与激励功能的统一关系启示我们，在集体林经营中要使责、权、利保持一致（于德仲，2007）。

在集体林地林木流转中，通过调整有关法律政策、建立合理的市场价格形成机制和生态补偿机制，必然可以明晰政府与生产经营者、农民集体与林农、转出方与转入方、生产经营者与生态受益者等主体之间的责、权、利关系，进而促进产权激励功能的发挥。例如，对于生产经营者，当收益权能够真正得到保护而不是随意被侵犯时，可以有效提升生产经营者对森林经营的合理预期，并有计划地安排和设计森林经营的投入、产出问题，促使林业产业健康、快速发展。

3. 促进政府职能转变

在保障林农收益权问题上，政府作为利益相关方不能被排除在外。首先，政府所征收的税费直接决定了林农所得收益的多少。其次，在现行体制下，政府保护林农权益的愿望和动力存在不足。这需要通过积极转变政府管理职能来加以解决。随着国家宏观经济体制改革的不断深入，由计划经济时代的严格规制到市场经济时代的积极赋权，可以清晰地反映出集体林区森林保护与发展平衡关系演变的轨迹，平衡点正在从规制的一端向赋权一端滑动，从收益权保障的角度看，这种动态平衡关系应表现为林农增收、森林资源增长关系的协调发展。因此，森林资源增长与林农收益增加并非此消彼长的对立关系，当通过林权制度改革，将森林、林木的所有权以及林地的使用权长期赋予林农或其他的森林经营者，使经营主体能够稳定地获得不低于社会平均利润水平的收益时，集体林区森林资源的恢复和扩大也就有了真正的保障。为此，政府应当采取积极的态度，从减轻税费、放松管制入手切实调整自身职能，由过去单纯的计划控制向引导、管理、服务方向转变（于德仲，2007）。

4. 促进农民集体内部民主治理结构优化

在一些山区，集体林被村民称为"干部林"，集体林的处分权与收益权掌控在少数人手中，办事程序缺少必要的监督，出现了所谓的"三乱"现象：群众乱砍、集体乱卖、村干部乱来。比较突出的问题是集体林的处分不公平、不规范，普通农民在集体林收益支配上基本处于集体失语状态。通过集体林权流转收益分配制度的完善，可以明确农村集体经济组织是农村集体资产的实际经营管理者，明晰村民委员会、村民小组等自治组织与农村集体经济组织性质的本质差异，完善农村集体经济组织的治理结构，实现民主选举、民主决策、民主管理、民主监督，从源头上铲除村干部腐败的制度土壤。

7.2　政府与生产经营者之间的利益协调

7.2.1　改进限额采伐政策

7.2.1.1　现有僵化的限额采伐政策已严重阻碍了林权流转

我国《森林法》规定："国家根据用材林的消耗量低于生长量

的原则，严格控制森林年采伐量。"同时，为保证采伐限额制度的实施，国家相继制定了一系列与其相配套的管理制度，包括林木采伐许可制度、木材凭证运输和木材凭证经营加工制度，从"源头"的采伐、"中间"环节的运输流通和"源尾"的经营加工，都依法进行规范管理。《森林法》及其实施条例和国家林业局出台的规范性文件，也对从事森林采伐、木材运输和经营加工行为作出明确规定，并对各级林业主管部门的职责、权力和执法行为作出了规范。但是，现行政策存在以下问题。一是限额采伐政策未能建立在分类经营管理之上，即不区分生态公益林和商品林。二是采伐后的更新义务规定不够明确。三是采伐指标规定机械僵化。例如，年森林采伐限额是由依法确定的采伐限额编制单位，对本行政区域或本单位内的森林资源进行科学测算后确定的，并经省级人民政府审查汇总后报国务院批准执行，采伐限额每 5 年核定一次，等等（田琳，2004）。采伐许可制度的适用范围非常广泛，除了农村居民采伐自留地和房前屋后个人所有的零星林木外，要想采伐自己所有或使用的林木，均必须申请采伐许可证，否则就要承担法律责任。采伐许可证与林木所有权和使用权，已演变成林权流转的障碍。

7.2.1.2　限额采伐政策的法理分析

首先，采伐许可证对于林木的所有权而言，最简单的理解方法是寻求生态价值保护的理性支持，从而将其归纳为对所有权使用方式的一种限制（高利红，2004）。问题在于这种限制的方式是如此强烈，以至于在很大程度上构成了对所有权人处分权的一种否定。备受瞩目的"石光银现象"① 正是这一问题的现实注释。依据我国

---

① 陕西省定边县的普通农民石光银，1984 年成立治沙公司，先后吸收 127 户村民入股，与当地政府签订了荒沙治理承包合同。至 1997 年，定边县组织专家对石光银治沙公司的 6 万多亩荒沙进行了调查，认定为生态林。治理区内有各种树木 700 多万株，林木经济价值高达 3000 多万元。1998 年，石光银种下的林木被国家划成了生态林，由于无法实现经济收益，原来入股的 127 户农户先后退股，只剩下石光银一人守着大片树林承担着 500 多万元的银行贷款和个人借款。

关于承包经营的有关规定，石光银拥有所造林木的所有权，但由于法律的限制，他的处分权根本无法实现。如果当权利主体与标的物之间的利益关联被割断，主体的权利必然落空。根据《行政许可法》第 12 条第 2 款的规定，有限自然资源开发利用、公共资源配置以及直接关系公共利益的特定行业的市场准入等，是需要赋予特定权利的事项。对此类事项设定的行政许可是由行政机关代表国家依法向相对人出让、转让某种特定权利，其法律性质为特许，主要功能是分配有限资源。显然，对于已经拥有所有权的林木权人来讲，再通过采伐许可证再次分配对林木的权利，在法律上是矛盾的，除非林木的采伐者本身并不拥有所有权，否则，作为最完整的物权，根本不存在再借助行政程序获得采伐权这样一个不完全物权的必要。其实，《行政许可法》中所谓对于有限资源开发设定的许可，是针对权利人在许可之前并不拥有所有权的情况，所以采用特许形式来取得该种"准用益物权"。

化解前述矛盾的最便捷方法是重新理解设定在林木所有权之上的采伐许可证的性质。究其根本，要对林木的采伐设定许可，原因在于林木不仅仅具有传统物权法意义上的经济价值，还具有生态价值，许可的目的在于平衡个人所有权和社会公共利益之间的矛盾。但必须要将这种许可理解为普通许可，而非赋权性许可。普通许可是对相对人行使法定权利或者从事法律没有禁止但附有条件的活动的准许，本质是对禁止的解除（姜明安，1999）。对此，行政机关一般没有自由裁量权，只要林权主体符合条件，依照程序申请即应当予以许可（高利红，2008）。

7.2.1.3 国外限额采伐政策的借鉴

国外的森林法一般都规定了采伐限额和采伐许可制度，下面以瑞典和德国为例予以说明。①瑞典。森林是瑞典最宝贵的自然资源。瑞典的森林覆盖率达 54%，是世界上人均森林面积最多的国家之一。保护森林资源是瑞典的基本国策，爱护森林是瑞典人由来已久的传统。早在 1903 年，瑞典议会就通过立法规定：谁砍伐森林，谁就要补种新的树苗。在瑞典，国有森林只占26%，其余的为公司所有林和私有林。全国私有林主2.49万户，他们经营全国森林的49%，而且亲自育林、采伐、集材、运输。1948年的《林业法》规定，林主采伐自有林木必须事先征得当地林业局的批准，并自采伐之日3年内必须予以更新。由于林木生长缓慢，为了保护自然生态平衡，后来的《森林保护法》还明确规定了采伐量和植树量的比例，违者受罚。②德国。德国《森林法》严格控制皆伐，实行采伐限额，采伐量仅是生产量的60%，并限定更新义务，3年内未完成更新的私有林地，林务局负责造林，造林费用由私有林主承担。另外还规定禁止采伐50年以下的针叶林分和80年以下的阔叶林分，或使其林木蓄积下降到常用产量表蓄积量的40%以下。萌生林、萌生林分和软阔叶林分、对圣诞树木和装饰用灌木林以及损害严重的林分除外。由上可见，国外可资借鉴的经验有：一是坚持林业行政部门对林木采伐的监管，二是限额采伐政策清晰、可预期，三是明确规定采伐更新义务。

7.2.1.4　我国限额采伐政策的修正

第一，明晰限额采伐许可的性质。限额采伐许可应当为普通许可，是对相对人行使法定权利或者从事法律没有禁止但附有条件的活动的准许，而非赋权性许可。换句话说，只要林权主体符合法规政策规定的条件，依照程序申请即应当予以许可。这样定性限额采伐许可有两大好处：一方面，降低了相关职能部门权力寻租的可能性；另一方面，使得林权权利人的收益权可以预见。

第二，按照分类经营的思想构建政策。鉴于我国森林资源总量严重不足的现实，必须在严格坚持采伐限额制度的前提下，按照分类经营的要求，完善各类森林采伐管理制度：对生态区位重要、生态脆弱地区的公益林，要严格限制采伐的总量、方式和强度，确保森林资源的生态效益充分发挥；对商品林中的天然林，要按照国家有关技术规程的规定，合理进行采伐利用；对商品林中的人工林，要按照社会主义市场经济的规律，依法进一步放活，保障森林资源所有权人、使用权人受益权和处分权的实现。

第三，借鉴国外做法，创新采伐限额制度。①严格控制皆伐，明确采伐比例和更新义务。借鉴德国等国的做法，严格控制皆伐，实行采伐限额，采伐量仅是生产量的60%，并限定更新义务。②明确不完成更新义务的后果。可以借鉴德国法规定的代执行制度，限期不完成更新义务的，由林业部门负责完成；还可以规定，对于逾期不履行义务的采伐权主体，再申请延展许可期限时不予以批准（田琳，2004）。

第四，取消林木运输许可证。运输许可证的存在本身不合理，它是以林木的采伐为前提的，如果林木已经被采伐下来，合法的采伐，自然就拥有运输的权利，否则交易根本无从实现；非法的采伐，则可以根据相应的法律法规处罚，根本不是运输环节的问题。目前因为运输许可证的存在，还设立了木材检查站，而木材检查站本身的法律地位不明，工作内容单一，实际上对森林的非法采伐并不能起到实质性的作用。我们不能因为前一个阶段的管理可能出现漏洞，就再增加一个保底的补救措施，人为延长管理的环节。这不仅降低了管理的效率，提高了管理成本，还经常会侵害林木采伐人销售的权利。

7.2.2　完善林业税费政策

7.2.2.1　林业税费负担过重

由于历史的原因，林业生产经营的各种税费负担较为沉重。除正常缴纳的国税、地税、林业"两金"（育林基金、维简费）、工商管理费、木材检疫费等外，一些地方还存在名目繁多的"搭车收费"，甚至乡镇、村各级都有一些不合理的涉林收费项目。据2007年湖北省林业局对公安县林业经营户的调查，以经营加工杨树为例，直径12厘米左右的杨树，市场收购价450元/立方米，加工后增值100元/立方米。除此之外，林业"两金"的实际用途也违背了征收的初衷。按照"两金"管理规定，育林基金的70%应主要用于造林、育苗、封山育林、护林防火等方面的支出，30% 主要用于林业行政管理、科技推广和林业管理经费补贴等方面的支出。维简费主要用于林业固定资产和设备更新、林区道路延伸与养护、防洪排涝等保安工程设施的修建与维护。但在实际运行中，由于林业长期投入严重不足，林业"两金"多被用于林业部门弥补人员经费和工作经费。与我国不同，林业发达国家往往对林业采取轻赋薄税的政策。表 7-1 所反映了欧洲十国林业税赋与赠款的对比情况，其中部分国家的赠款远远超过税额，林主可以直接获益（于德仲，2007）。

表 7-1 欧洲十国林业实际税赋与赠款

单位：欧元/公顷·年，元/公顷·年

国 别	税赋	赠款	实际税赋	折合人民币
比利时	6.25	1.24	5.01	52.5
丹 麦	76.0	14.24	61.76	649.53
法 国	12.62	2.16	10.46	109.53
德 国	17.7	2.31	15.39	162.0
爱尔兰	1.35	147.3	-146.02	-1533.0
荷 兰	11.2-39	110.2	-(99.01-70.79)	-(1039.5-743.3)
挪 威	7.79	8.82	-1.03	-10.5
瑞 典	10.37	2.21	8.16	85.5
瑞 士	8.49	78.13	69.64	732.0
英 国	0.0	21.26	-21.26	-223.5

7.2.2.2 改革税费政策

从发达国家的林业税费政策看，国家对林业通常都采取轻赋薄税的倾斜政策。例如，美国为了扶持营造林事业，规定林木培育者出售或采伐立木时，可按资本所得的 28% 征收资本所得税，其他经营所得征收 46% 的一般所得税。对于固定财产税，联邦政府规定一般按固定财产的 5% 上缴。但由于林业生产周期长、资金周转慢，政府免掉了国有林的固定财产税。日本的林业税主要有所得税、林地和立木馈赠税、继承税、林地所有固定资产税、林地不动产取得税、特别拥有税和原木交易税等。日本在税收上规定有减、免、缓交等优惠措施。对于用材林，从山林所得概算总额的60%中减去造林费用总额的25%（作为造林损失费），其差额作为所得税课税对象，税率为5%左右。对保安林免税，而森林财产继承税则减轻到4.8%。

如前所述，林业税费负担重已严重影响到林农的收益权。解决林业税费问题，进行林业税费改革，要本着公平税负、让利于民的原则，确定合理的林业税基、税目和税率，整顿税制和乱收费问题，建立起既能增加政府财政收入又能调动林业生产者积极性、符合市场经济规律的林业税费体系。

本书研究认为，改革我国林业税费制度可以从以下几方面加以考虑。

第一，对造林营林所得实行免税政策，对生态公益林经营所得予以免税。在育林环节要鼓励发展稀有珍贵树种，对其种子、苗木实行低税费；在流通环节对畅销木材实行高税费、滞销木材则为低税费。以此使其达到树种、材种等结构协调、合理的目的。

我国是个发展中国家，不能全部依靠国家投资来改善生态状况，而应该通过制定适当的林业税费等一系列经济政策，积极引导、发挥各种社会投资主体积极参与公益林建设或管护，鉴于当前改善生态状况的极端重要性，应当对公益林经营所得予以免税（于德仲，2007）。

第二，对采伐林木所得，按采伐方式不同实行不同税率，对符合经营方案的择伐作业实行轻税率、对皆伐作业实行相对高税率。林业生产有自身特点，森林采伐容易恢复难。皆伐作业与其他采伐方式相比，不利于植被保护；择伐是有选择的采伐，更有利于森林更新。因此，对不同的采伐行为应当实行不同的税率，以充分发挥税收政策的调节作用。

第三，林业税费总体水平应低于当地不同行业的平均税费水平。目前南方集体林区营林生产销售环节的法定税费按上限计算，平均达到了销售价格的 43.6%，是国民经济实际税负水平的 1 倍以上。如果不减少原有的各种林业规费项目，很难将林业税费水平降至国民经济实际平均税费水平。

林业税费改革既要使林业纳入整个社会的商品生产大循环，也要体现出对森林公益性价值的承认和合理补偿。在目前森林资源质量差、林产品市场弹性小、林业的经济外部性未得到合理补偿、林业生产效益低的前提下，林业税收份额合理量度应以林产品的纯收入为基础，考虑到林业经营者的实际承受能力和鼓励林业发展的客观需要，对林业采取低税政策（于德仲，2007）。

7.3　生产经营者内部的利益协调

7.3.1　建立科学的价格形成机制

在集体林地林木流转中，转出方和受让方之间的利益博弈过程，也是林地林木价格形成的过程。目前集体林权流转市场仍然存在着协议定价比重太大、价格偏低的问题。因此，本书认为应当建立科学的价格形成机制。如上文所述，价格形成机制应当由科学的市场竞价体系、合理的基准价格体系、规范的价格评估体系等三部分构成。特别是，价格评估体系是建立科学的价格形成机制的关键。

集体林权价格评估主要包括对有林地、无林地和活立木的价格评估。集体林权流转的交易方式多种多样，其交易价格的表现形式也具有多样性，有出让价格、租赁价格、作价入股和抵押价格等等。地价的实现与集体林权流转的具体方式有关，根据不同的流转目的选择合适的流转方式，各种交易价格要相互协调。首先，完善林地林木资产评估法规体系。在目前已有的林地林木资产评估管理政策法规中，《关于加强林地林木资产评估管理工作若干问题的通知》（以下简称《通知》）已被废止，而《林地林木资产评估技术规范（试行）》（以下简称《规范》）与《暂行规定》则既存在补充，又存在重复与误读，而且在一些内容上，《通知》要比《暂行规定》更为具体。因此完善我国林地林木资产评估管理政策法规体系已迫在眉睫。其次，要探索科学的评估方法。林地林木价格的评估不同于一般的资产评估。林地使用权价格评估应在林地所有权价格评估的基础上进行，形成林地所有权价格评估的方法。再次，健全林地林木资产评估机构。建立专业的林地林木资产专业评估机构和培养专业评估人员是完善林地林木资产评估工作的重点。目前我国有资质的林地林木资产专业评估机构很少，专业技术人员紧缺，致使《林地林木资产评估技术规范（试行）》得不到规范执行。

7.3.2 建立合理的农民集体内部利益分配机制

在集体林地林木流转中，农民集体与林农的利益冲突主要集中在如何进行集体林权流转的民主决策以及流转收益如何使用和分配。从制度规范角度来看，就是要建立农民集体内部的民主决策机制。

根据上文论述，本书认为，首先，制定专门的"农村集体经济组织法"或"农村集体经济组织条例"，与《村民委员会组织法》《农民专业合作社法》等法律相协调，明确农村集体经济组织的管理体制以及与农村基层政治组织的关系。其次，明确农村集体经济组织是农村集体资产的实际经营管理者。一方面，明晰村民委员会、村民小组等自治组织与农村集体经济组织的性质本质差异，将该类组织与农村集体资产的经营管理活动严格分离。明确中国共产党组织对农村集体经济组织的宏观领导地位，但不能干涉农村集体经济组织依法独立进行经济活动的自主权。另一方面，正确协调三级农村集体经济组织之间的关系。再次，确定农村集体经济组织的法律地位及治理结构。将"农村集体经济组织"进行彻底改造，使其具备法人的条件，成为名副其实的法律主体，从而可以顺畅地进行工商登记和税务登记，以便于从事市场经济活动。在赋予农村集体经济组织企业法人地位的同时，应当根据其组织特性建立民主经营管理机制，包括民主选举、民主决策、民主管理、民主监督。

7.4 生产经营者与生态受益者之间的利益协调

7.4.1 落实分类经营思想

1. 我国政策中的分类经营思想未能得到充分落实

所谓森林分类经营（classified forest management），又称为"森林多效益主导利用经营"，即以发挥某一林种某一效益为主，兼顾其他方面效益的经营模式。它是在社会主义市场经济体制下，根据社会对林业生态效益和经济效益的两大要求，按照对森林多种功能主导利用的不同和森林发挥两种功能所产生的"产品"的商品属性和非商品属性的不同，相应地把森林划分为公益林和商品林，并按各自特点和规律运营的一种新型的林业经营体制和发展模式。目前，我国涉及森林分类经营的思想只体现在《森林法》第4条及《森林法实施条例》第8、46条，但是并不明确，相关政策更是未真正贯彻分类经营思想。

2. 国外的分类经营制度值得借鉴

以日本为例，该国早已针对人们对森林的需求变化从单纯取材，经济利用，转向以生态和社会需求为主，兼顾经济利用，对森林实行分类经营管理，分类发展。日本的经验主要如下。一是按生态、社会和经济利用的要求，将森林按区域进行分类经营和管理。日本的森林资源划分为158个区域，这些区域的划分不是按行政区域，而是按资源的自然特征划分，更有利于提高资源的管理效率。二是林业计划体系应有权威性、持续性和有效性。日本的林业计划是建立在严格的法律制度上的，这是日本森林资源管理的一个重要特点，它保证了林业计划制定和实施的权威性和有效性。这个计划体系每一层次都由政府长官签发，分4个层次落实到山头地块，责任明确。三是林业计划体系将基本森林资源计划与重要林产品长期供求预测联系起来，作为林业发展的长期方向和制定林业政策的指南，这样的计划体系既突出生态建设，又强调了林产品生产的重要性，用材与生态利用兼顾，有利于引导林产品生产经营者，根据市场供求预测，组织森林培育和经营，使培育与生产不脱节。四是采取一系列措施保证林业计划的实施和目标的实现，使计划落到实处，并充分尊重生产经营者的权益（张蕾、谢晨，1999）。

3. 我国重塑分类经营制度的思路

就我国具体情况来看，为了避免"石光银现象"的不断出现，最根本的是大力推进森林分类经营制度的实施。按照森林的用途和生产经营目的划定公益林和商品林，实施分类经营、分类管理。在依据《森林法》的规定划分用材林、防护林、经济林、薪炭林、特种用途林5大林种的基础上，将防护林和特种用途林纳入公益林类，将用材林、经济林、薪炭林纳入商品林类。

公益林以对国土保安、生物多样性保护、农业生态保障和城市生态环境影响突出的防护林和特种用途林作为重点，以满足国土保安和改善生态环境的公益事业需要为主，实行严格管理，禁牧、禁薪、禁垦和限伐，一般只进行抚育和更新性质的采伐，列入社会公益事业，实行事业化管理，其建设投资和森林生态更新通过补偿基金，以政府投资为主，鼓励和吸引社会力量共同建设。其中，国家级公益林主要由国家承担，地方公益林主要由地方各级政府承担。建立以地方财政支付为主体，向社会直接受益者征收为补充的森林生态效益补偿制度。

商品林的经营作为基础产业，以市场为导向，由市场配置资源，由经营者自主经营、自负盈亏，国家给予必要的扶持。重点商品林生产项目列入基础性建设项目管理，采伐限额依据经营方案单独审批。将用材林中的速生丰产林、定向培育的工业原料林、竹林、经济林作为重点，实行集约化经营（陈远树，2005）。

7.4.2 生态补偿制度的完善

7.4.2.1 生态补偿制度的由来

从总体上看，我国森林生态效益补偿制度大体上经历了以下几个发展阶段。

1. 以政策调整为主阶段

我国政府历来重视森林资源的生态补偿问题，早在 1953 年就建立了育林基金制度，主要针对用材林的生态补偿问题。这一制度的建立对我国用材林的发展起到了积极的促进作用。

1981 年《关于保护森林 发展林业若干问题的决定》中指出："适当提高（除黑龙江、吉林、内蒙古林区外）集体林区和国有林区育林资金和更改资金的征收标准，扩大育林基金征收范围。"据此，不少省区的林业部门要求将征收育林基金的范围扩大到防护林等生态林。

1992 年《国务院批转国家体改委关于一九九二年经济体制改革要点的通知》（国发〔1992〕12 号）明确指出："要建立林价制度和森林生态效益补偿制度，实行森林资源有偿使用。"

1993 年国务院《关于进一步加强造林绿化工作的通知》指出："要改革造林绿化资金投入机制，逐步实行征收生态效益补偿费制度。"

1994 年 3 月 25 日国务院第 16 次常务会议通过的《中国 21 世纪人口、环境与发展白皮书》中要求，建立森林生态效益补偿制度，实行森林资源开发补偿收费。

1996 年 1 月 21 日国务院《关于"九五"时期和今年农村工作的主要任务和政策措施》再次明确，"按照林业分类经营原则，逐步建立森林生态效益补偿制度和生态公益林建设投入机制，加快森林植被的恢复和发展"。

2. 以立法调整为主阶段

1998 年修改的《森林法》第 8 条规定："国家设立森林生态效

益补偿基金，用于提供生态效益的防护林和特种用途林的森林资源、林木的营造、抚育、保护和管理。森林生态效益补偿基金必须专款专用，不得挪作他用。具体办法由国务院规定。"第一次以法律的形式明确规定了森林生态效益补偿制度。

2000 年国务院颁布的《森林法实施条例》规定："防护林、特种用途林的经营者有获得森林生态效益补偿的权利。"使公益林的生产经营者获得补偿的权利法定化。

为了落实上述规定，从 2001 年起，为了加强重点防护林和特种用途林的经营保护工作，提高经营者的积极性，中央决定由国家财政直接拨款 10 亿元，在全国 11 个省区进行森林生态效益补助资金的发放试点，还拿出 300 亿元用于公益林建设、天然林保护、退耕还林补助、防沙治沙工程等。2004 年 12 月，"中央森林生态效益补偿基金制度"在全国范围内开始全面实施（于德仲，2007）。

7.4.2.2 我国生态补偿制度存在的问题

现行生态公益林补偿政策机制还存在不少亟待解决的矛盾问题，主要表现在以下几方面。

其一，补偿资金几乎全部来源于（中央与地方）财政拨款，筹资渠道过于单一，尚未真正建立应依靠政府、社会、市场等多元化筹资机制所形成的生态效益补偿基金，财政负担重、财政转移支付及地方配套投入缺乏稳定可靠性，难以满足全国大约 1 亿公顷生态公益林营造与管护的实际需要。

其二，就补偿的标准与程度而言，在目前的行政主导体制下，补偿标准确定的主要依据是补偿主体的承受能力（即财政支付能力），没有导入市场运作机制，无法充分把握生态公益林所能提供的生态服务价值，因而难以科学合理地确定补偿标准。目前国家补助标准为 75 元/公顷，没有令人信服的科学依据，而非官方统计数据表明，生态林的营造与管护费用正常需要 3800 元/公顷；（李文华等，2006）。再如，广东省由最初（1999 年）的省级补偿标准为 2.5元/亩提高到 4 元/亩再到 8 元/亩，如今拟调至 10 元/亩且以后每年自然增长 1~2 元/亩；广州市生态公益林补偿标准现大幅度提高到 30 元/亩，其数量增长是可观的，但离专家测算的每年应补 75~85 元/亩的数额差距尚远。如退耕还林中的国家补助最高年份只有 750 元/公顷，距造林实际需求 2250~3000 元/公顷的要求甚远。关键问题在于目前的补偿机制实际上是价值补偿而不是生态效益的充分补偿，这种不充分的补偿基本考虑补给受益范围明确划分的生态公益林的价值，主要补给经营者每年经营管护生态林的经济损失部分。显然，当前生态公益林补偿的标准偏低，补助经费到位不足，难以达到公益林区全面禁伐、限制开展生产性经营活动的目的。

其三，补偿的对象范围覆盖不全面、界分不明确。如对现行政策调整的天然林保护工程区域以外尚有 8.06 亿亩被划为重点防护林和特种用途林（位于大江大河源头和大型水库周围）未列入补偿范围；对广布各地的集体公益林，除了广东省地方补偿政策与法规已将其不作区分地纳入调整之列以外，全国其他省区的立法调整尚处于空白；另外，国家与地方的政策立法均未明确划分森林生态效益补助资金和天然林保护工程建设资金、退耕还林补助资金以及其他森林资源保护资金的界限，这就难以避免出现重复安排补助资金的现象。

其四，补助标准及实施机制未合理考虑不同地区的经济、环境条件差异，简单划一，既可能加剧新的地区不公平，也难以落实地方配套补偿政策。例如，《广东省森林保护管理条例》规定："各级人民政府每年应从地方财政总支出中安排不低于 1% 的资金。"这对经济发达的珠三角地区而言当然不成问题，具有生态环境建设的资金优势，而地处广东"四江"（即东江、西江、北江、韩江）流域中上游且经济欠发达的粤北、粤东地区，山林面积较大，生态公益林颇多，财政配套资金需求量大，而这些地区财政本来就捉襟见肘，若按规定要安排 1% 的资金较为困难，即便基数颇低的地方财政足额支持也不够，于是导致：谁的生态公益林越多，谁的建设任务越重，谁就要"被迫"拿出越多的资金（张玉光等，2000）。

同理，国家政策立法也未能合理界分沿海经济发达地区和中西部贫困地区的补助标准（王权典，2008）。

7.4.2.3 完善生态补偿制度的必要性

新制度经济学则认为，经济人行为的两个假定应该修正为有限理性和机会主义倾向，以有限理性为假定，必然会产生机会主义倾向。正因为机会主义倾向是基本的人性之一，就要设定各种制度安排来约束人的行为，从而约束人的机会主义倾向。产权制度是经济制度中最核心的制度，主要是帮助人们在交易时形成一种预期。有效的产权安排能使人们在进行经济活动或交易时，形成稳定的预期，从而规范人们的经济行为，降低交易成本，实现资源的合理配置和有效利用。因此，林业生产经营和消费行为的合理化需要一套有效的制度来约束和规范，其中林业产权制度是最重要的制度。森林生态效益补偿制度在很大程度上就是规制人们的生产和消费行为是否符合林业产权制度的基本规则。

当个体的行为所引起的个人成本不等于社会成本，个人收益不等于社会收益时，就存在外部效应。外部效应有两种，一种是负外部性，成本转嫁给社会，如森林资源破坏导致的沙漠化就是最典型的例子。另一种是正外部性，如造林护林会给社会带来正效应，但造林护林者并不能直接得到效益，当然造林护林的积极性就会受到影响。因此，需要相应的制度安排来引导森林资源的消费者改变其生产和消费行为，达到生产者收益、消费者付费。森林生态效益补偿制度的设立就是为了更好地保护森林生态价值不被"公地"化，同时又要为社会提供所需的公共物品①。

---

① 根据非排他性与非竞争性的程度不同，公共物品还可以细分为纯公共物品、俱乐部产品和共有物品。森林提供的调节空气、保持水土等生态服务属于纯公共物品；具有收费性质的森林公园和具有商业性质的物种保护地所提供的游乐、观赏服务，由于可以将未付费的消费者排除在外，而不影响其他人的消费，因而属于俱乐部产品；但是产权不明或无法提供有效产权保护的集体林或一些自然保护区所提供的产品或服务，就会成为事实上的共有产品。弄清公共物品的属性，对于确定生态补偿的主体具有重要意义。

森林生态效益的创造和维护需要投入一定数量的人力和资金，但森林生态效益在使用上具有非排他性，创造和维护森林生态效益的这部分投入难以通过市场机制获得回报。如果改善生态环境的需求可以免费得到满足，需求就会无限大，如果改善生态环境的供给得不到任何补偿，供给就会极为有限，那么供求的均衡只能停留在极低的水平上。因此，要使生态效益持续更好地发挥，创造和维护森林生态效益的这部分投入就需要通过市场以外的途径来获得补偿，生态补偿就是解决这一难题的有效途径。生态经济问题的解决，最好采用至少有一个人受益而没有任何人受损的帕累托改进方式（李周，2008）。但因很多生态经济的现实问题，无法采用帕累托改进的方式解决，而需要采用卡尔多改进的方式，即在受益人给予受损人经济补偿后，实现至少有一个人受益，而没有任何人受损的目标。森林不仅为社会、经济发展提供木材等有形产品，而且还为社会和经济发展提供生态产品与服务等无形产品。森林资源提供的生态产品与服务具有正外部性，客观要求受益人给予受损人经济补偿，以实现经济外部性的内部化，使生产要素得到最优配置。所以，森林生态效益补偿既包括对生态产品与服务提供者所带来的正向激励，如获得补偿费、直接投资等，也包括对生态产品与服务受益者所带来的负向激励，如向受益者征收森林生态效益补偿费，从而体现森林生态效益的经济价值。因此，建立森林生态效益补偿基金，有利于从根本上改变森林生态效益"多数人受益，少数人负担"的不合理机制，逐步建立健全"谁受益，谁负担"的运行机制（谭世明，2009）。

7.4.2.4 完善生态补偿制度的基本思路

1. 提高森林生态受益者付费的自觉意识

意识形态属于非正式制度，是减少提供其他制度安排费用的最重要的制度。新制度经济学家认为，意识形态是人力资本，合乎理性的意识形态，能淡化机会主义行为，使个人"搭便车"或违规的可能性减小。高度统一的生态环境意识形态是公益林所有者与受益者达成补偿协议的一种节约费用的工具，有助于减少公益林生态效益补偿交易双方选择时所耗费的时间和成本，能够降低公益林生态效益补偿的市场交易费用。

2. 拓宽森林生态效益补偿资金渠道

森林生态效益补偿基金是国家依据《森林法》设立的，这项基金的设立是国家合理调节生态公益林生产经营者和受益者的经济利益关系，以调动各方力量投入生态公益林建设的积极性，而且也有利于从根本上建立符合市场经济体制的林业经营新机制。森林生态效益补偿基金由中央森林生态效益补偿基金和地方森林生态效益补偿基金组成，属于财政性资金，专款专用。中央森林生态效益补偿基金专项用于关系国家确定的重点地区生态环境的维护和建设，包括提供国有森林、生态型国有林场、苗圃、自然保护区等公益林建设和管护；弥补因限制开发公益林和保护野生动植物带来的直接经济损失；补助农村造林中与公益林建设相关的造林与管护费用；补助森林病虫害防治费用。地方森林生态效益补偿基金专项用于地方确定的公益林建设和管护。

在我国，生态效益补偿制度最为关键的问题在于资金的筹集。对此，笔者建议，可考虑以下资金筹集途径。①国家财政拨款。国外的成功经验显示，财政是充分发挥森林生态效益的物质基础。因此，财政投入应是森林生态效益补偿基金的主要资金来源。国家可通过财政专项补助、事业拨款及免税的形式，为森林生态效益补偿制度提供资金扶持。②征收生态安全保险金。笔者建议增设生态安全保险金，对从事砍伐、经营木材产业的组织和个人在获准砍伐资格时，缴纳一定比例的保险金，以维护森林资源生态安全，并且在森林资源生态安全出现危机时，可以用此项费用保护管理森林资源。③向受益人收取森林资源生态补偿费。征收项目可包括：工业用水和城镇居民生活用水，木材加工、贩运，征用、占用林地，狩猎，野生动物养殖、经营，森林旅游，风景区的商业活动等。可考虑从电厂电费、生活和工业用水、森林公园和风景名胜区门票收入中按照一定比例提取生态补偿费。④生态法人公开募集森林资源生态补偿基金。生态法人，即指那种持生态主义主张的环保社团。生态法人可以向社会筹集资金，其来源渠道可以是国际组织、外国政府和国内单位、个人的捐款或援助。⑤林业部门补偿。林业部门从育林基金或造林更新费中提取部分公益林补偿基金，主要用于公益林的病虫害防治、护林防火、科学研究等。⑥发行生态彩票。由中央政府授权并下达发行额度，县级以上人民政府通过发行生态彩票的方式，向社会公众募集森林资源生态补偿基金。⑦BOT 融资方式（Build，Operate，Transfer）。在典型的 BOT 方式中，政府部门就某个基础设施项目与私人公司或项目公司签订特许协议，授权承担该项目的投资、融资、建设、经营、维护，并在一定期限内移交，在特许期内，项目的业主向项目的使用者收取适当的费用，特许期满后项目业主须将该项目无偿移交给政府部门。⑧实施碳排放权交易机制。将森林生态效益补偿推向市场。碳排放权交易主要方式是：排放二氧化碳的国家或公司，以资金形式，向本国或外国森林拥有者、经营者支付森林生态效益生产成本，协助他们造林，并可将其造林所吸收的二氧化碳量作为其排放减量成果；森林拥有者、经营者利用其他国家或公司的资金援助进行造林，同时将所吸收的碳量或抵减量卖给提供资金的国家或公司。目前世界上已有 25 个国家对生态效益补偿引入市场机制，美国、巴西、哥斯达黎加是 3 个成功地实施碳排放权交易机制的国家（陈晓倩、李世旭，2002）。

7.4.2.5　提高森林生态效益补偿标准

由于生态公益林补偿资金标准过低，管护责任又大，大多数林农不愿意将自己承包的山林划为生态公益林，对已划为生态公益林的集体山林，确权到户的积极性也不高，有的甚至提出要求，把经营的生态公益林改为商品林，一些经营大户也担心林地大面积投入后被再次划入生态公益林。根据"财权与事权相统一"的原则，补偿标准应与经济社会发展水平和财力状况相适应。考虑到目前一般林地每亩的年租金已升至 15 元乃至更高，木材价格不断攀升使木材经营收入大增以及经营薪材、竹材、采松香等的收入远高于补偿资金收入的实际情况，建议生态公益林效益补偿资金由财政加大统筹解决力度，未来三年内将补偿标准提高到每亩 20 元（杜国明，2009）。

7.5　小结

本章研究的主要结论是：第一，建立合理的流转利益分配机制是集体林权流转制度建设的重要环节；第二，集体林权流转中主要存在着政府与生产经营者、农民集体与林农、转出方与转入方、生产经营者与生态受益者等四类主体之间的利益冲突；第三，改进限额采伐政策和完善林业税费政策是建立政府与生产经营者之间利益关系的关键；第四，协调生产经营者内部的利益关系就是要建立科学的价格形成机制和合理的农民集体内部利益分配机制；第五，在落实分类经营思想的基础上，完善生态补偿制度才是解决生产经营者与生态受益者之间利益冲突的根本。

本章蕴含的政策意义是：第一，流转利益分配制度直接关系到集体山林生产经营者的积极性，对于森林资源的保护，林业生产持续、稳定、协调发展，政府职能的转变和林区的长治久安等都具有重要意义；第二，现有限额采伐政策和林业税费政策设计不够合理，应当深入分析现有政策存在的深层次理论问题，借鉴国外政策法规的经验，改进两项政策；第三，应当协助市场主体、农民集体及农民建立科学的价格形成机制和合理的农民集体内部利益分配机制；第四，应当真正落实分类经营思想，深入检讨现有生态补偿政策的问题，从系统的制度层面找到完善生态补偿政策的科学合理路径。

8

集体林权流转配套制度

　　集体林权流转制度的变革是一个系统工程，部分制度的调整必然需要其他相关制度作出相应调整，才能使整体制度结构达到均衡。配套制度是集体林权流转制度体系的保障，要使集体林权流转制度规范、快速和健康发展，就需要改革和完善相关配套政策，否则，新的林权流转制度就会与其他制度发生摩擦而不能很好发挥作用，势必会降低制度创新的效率。本章重点讨论与集体林权流转制度改革密切相关的配套政策，主要包括林权纠纷化解制度、林业保险制度、专业合作社制度、林地征收制度、林业科技支撑制度、就业及社保制度等。

8.1　完善林权纠纷化解机制

8.1.1　林权纠纷的现状及问题

　　林权纠纷，通常又被称为山林权属纠纷，是林区工作中的一个突出难题，主要集中在福建、广东、浙江等林业大省。林权纠纷的焦点是森林、林木、林地的所有权和使用权的归属问题，其性质属于财产权益争议的民事纠纷范畴。发达国家的现代化历程表明，人均 GDP 在 1000 美元至 4000 美元，往往是一个国家经济发展的重要关口。这一阶段经济社会结构变动最为剧烈，各种矛盾和问题最为突出。我国正处在这样一个经济和社会转轨期，伴随着林业改革的日益深入，林业经济效益的不断提高，林权争议也随着林业管理体制的改革和利益的再分配而凸显出来。以广东阳江市为例，2006年全市共有林权纠纷 1617 宗，涉及山林面积 53.3 万亩，约占林地总面积的 10%。而且，很多林权纠纷长期未能解决，每年又有新的林权纠纷不断产生。林权争议若得不到及时解决，轻则影响林业生产建设，重则破坏森林资源，甚至引发群体事件，威胁生命财产安全，严重影响农村社会稳定以及和谐社会的构建。

对于林权纠纷问题，我国的《森林法》《土地管理法》《农村土地承包法》等法律仅有一些原则性规定，如《森林法》第 17 条规定："单位之间发生的林木、林地所有权和使用权争议，由县级以上人民政府依法处理。个人之间、个人与单位之间发生的林木所有权和林地使用权争议，由当地县级或者乡级人民政府依法处理。"实践中，处理林权纠纷的主要依据是林业部 1996 年出台的《林木林地权属争议处理办法》，该办法共 5 章 28 条，从处理依据、处理程序、奖惩等几个方面作出了较粗糙的规定。另外，为了适应调处日益增长的林权纠纷的现实要求，一些地方纷纷出台了地方规章或规范性文件，如《福建省人民政府关于抓紧处理好山林纠纷的通知》《阳江市关于进一步加强山林纠纷调处工作的意见》《广东省森林林木林地权属争议调解处理办法》等等。总体来看，我国的林权纠纷法律法规体系存在位阶低、数量少、内容粗、缺乏协调等诸多问题。虽然上述法规的出台对缓解林权纠纷起到了一定缓解作用，但仍未从根本上改变目前林权制度本身存在的问题，加之林权纠纷救济途径不畅，一些矛盾还会演变为大规模的群体性、暴力性冲突，下面举几个发生在广东的典型案例①。

（1）2008 年清明节期间，广州市花都区赤坭镇缠岗村与清远市清城区石角镇七星村发生林地权属纠纷，双方组织近百名村民聚

---

① 广东省林业局内部资料。

集并打斗，造成两村 19 人受伤，其中 3 人重伤。

（2）2008 年 4 月，湛江吴川市覃巴镇米朗村与茂名市茂港区小良镇西宁村"睡狗岭"山林权属纠纷，引发双方村民共 200 多人持械对打，造成多人受伤。

（3）2008 年 8 月，因林权纠纷，清远市连南县小龙林场在开路清理受灾林木时，遭到湖南省永州市江华县码市镇麻石洞村民的阻挠，发生了烧毁挖掘机、绑架 1 名林场护林员长达 44 小时之久的恶性事件。

在不到半年时间内，仅发生在广东省的林权纠纷群体冲突事件就达三次之多。由此可见，林权纠纷化解机制的重建已然成为我们必须关注的重大历史课题。

8.1.2 完善林权纠纷化解机制的必要性

林权争议产生的原因是多方面的，有历史遗留下来的，也有经营管理过程中产生的，还有技术上的原因和工作疏忽造成的各种原因。其中，经济利益有关的争议最多。林权争议纠纷如果久拖不决，不但损害当事人的合法权益，而且严重影响安定团结，不利于林业生态的保护和可持续发展。因此，依法及时正确地处理林权争议，具有重要的现实意义和深远的历史意义。实践中的林权争议，有单纯的林木所有权争议，也有单纯的林地使用权争议，发生最多的是林木的所有权和林地的使用权都有争议的情况。林权争议的焦点是森林、林木、林地的所有权和使用权的归属问题，其性质属于财产权益争议的民事纠纷范畴，也有因为不当行政或不服行政行为而引起的行政争议。由于农村地区人文、地理等条件的限制，林权争议往往得不到很好解决，所以必须完善林权争议处理机制，使林权改革在和谐的环境下推进。此外，农村地区存在基层司法、执法机构设置不尽合理，司法人员对农民诉讼当事人存在偏见、态度冷漠，诉讼成本高、农民"打官司难"，甚至激发群体性事件的现实状况。所以，必须合理设置基层司法、执法机构，拉近法律与乡村社会的距离。逐步建立健全小额诉讼、群体诉讼制度，降低农民的诉讼成本，减少和杜绝政府对涉农案件的不当干预，畅通农民寻求司法救助的途径，更好地维护"新农村建设"过程中所涉及的国家利益和农民公共利益。

8.1.3 完善林业纠纷化解机制的思路

林权纠纷产生的原因很复杂，既有历史上遗留的纠纷，又有新出现的争执，在我国由来已久，一直难以妥善解决。在有些地方，林权纠纷已成为林业发展的重要障碍，成为乱砍滥伐森林的诱因之一。稳定林权合理解决林权争议，是加快发展林业生产，维护社会稳定，保护森林资源不被破坏，达到人与自然和谐相处的重要措施。根据有关法律规定，林权也是物权的一种，在解决林权问题时也和解决财产权问题基本相同。公民与当事人之间产生的林权纠纷，可以通过协商、调解、仲裁、诉讼等途径依法解决。几条纠纷解决途径均存在缺陷，如何以合法的途径化解林权纠纷，似乎是一道难解的方程。对此，在分析我国的社会法治状况和司法实际的基础上，笔者认为，解决林权纠纷是一项复杂的系统工程：首先，必须以预防为主，加强林权登记造册、核发证书、档案管理、流转管理等基础性工作，以利于明晰产权，从而预防林权纠纷；其次，应结合林权纠纷的特点，建立一种"以行政调处为重点，以诉讼方式为核心，以其他救济手段为补充"的多元化的林权纠纷解决机制（杜国明，2009）。

1. 林权纠纷行政调处法律体系的完善

从法律位阶上讲，作为全国调处林权纠纷主要依据的《林木林地权属争议处理办法》属于政府规章，法律效力偏低，加之已实施十多年时间，其规范内容已远远不能满足调处工作的现实需要。因此，笔者建议应当将该办法上升为行政法规并丰富其内容，以便增强其法律适用力。同时，由于行政法规适用范围过宽，其作为基本立法所必需的原则性、框架性，难免存在一些立法调整不到位的地方，为建立操作性强、缜密合理的林权纠纷调处法律体系，必须出台一系列配套行政规章和地方法规规章，这样就可以建立起"以行政法规为主，以配套行政规章和地方法规规章为辅"的行政调处法律体系。

2. 创新林权纠纷调处机制，积极解决林权纠纷

一方面，建立林权纠纷调处工作责任机制。强化领导责任制，建立领导包案制度，实行"五包"：包调查、包处理、包疏导教育、包结案、包息诉罢访。以广东省惠州市为例，该市领导与市林业局签订《惠州市信访工作责任目标考核责任书》，市林业局局长与各县林业局、国有林场、省级自然保护区、市林科所、龙门县人民政府调处办等 21 个单位签订了《惠州市林业系统信访工作目标考核责任书》，对指标进行具体量化，使各级领导干部的思想认识得到明显提高，大大增强了做好林权争议调处工作及林业信访维稳工作的责任感和紧迫感。并且，按照当届政府任期内发生的林权纠纷，原则上由当届政府在任期内处理完毕的要求，落实领导班子成员每人每年包一案，明确办结时间和具体要求，并列入工作实绩考评，与奖惩挂钩，把领导包案责任制落到实处。

另一方面，建立重大林权纠纷应急处理机制。由于林权纠纷冲突事件的群体性、组织性逐步增强，而且纠纷冲突方式逐渐升级，并出现了暴力化趋向，所以很有必要制订重大林权纠纷应急预案，突出工作重点，集中力量化解突出矛盾。对此，一些地方也进行了积极探索，如浙江省的绍兴市和金华市已建立起重大山林纠纷应急处置预案，将重大林权纠纷分为三级，同时规范了应急处置组织机构及职责、应急响应程序、后期调查评估等内容。这种做法应当在全国重点林业省市进行推广。

8.2 健全林业保险制度

8.2.1 我国林业保险的现状及问题

林木在漫长的生产周期里，既易受到火、风、雪、水、地震、

病虫害等自然灾害袭击，又易遭到乱砍滥伐、毁林开荒等人为破坏。2008 年的雨雪冰冻灾害更是让我国林业受到严重损失。截至 2008 年 2 月 10 日的不完全统计，广西全区林木受灾面积 1300 万亩，共造成经济损失 70 多亿元。2008 年初的冰冻雨雪灾害和"5·12"汶川地震使四川林业遭到严重破坏。两次灾害共造成全省林业用房垮塌 87.95 万平方米，新增危房 232.6 万平方米，受灾林地面积 1286 万亩，活立木蓄积损失 1958 万立方米，林区道路损毁 5983 公里，受灾林业职工及家属 8 万多人，直接经济损失 222.25 亿元，间接经济损失 1831 亿元。从调查数据可以看出，林业自身具有巨大的风险性。大规模的林业灾害给林业发展造成的巨大损失是林业生产规模小、分散化的个体林农无法承担的。要增强林业风险抵御能力，降低林业投资的风险，使灾害造成的损失减少到最小，并能在损失后得到必要的补偿，林业保险无疑是最合适的选择。目前我国林业保险业务刚起步，保险的种类、覆盖面、保险费率、保险的金额等还在探索的过程中。我国林业保险制度极度不健全，主要表现在以下方面。

其一，林业保险政策不明，法律法规不健全。林业保险业务带有明显的公益性，其发展必须依靠政府立法保护、政策支持和各项措施的配套建设。然而，我国林业保险到底实行什么样的政策，是单独成立农业保险公司，还是由商业保险公司兼营？是由政府参与实行补贴，还是由保险公司自负盈亏？是政府直接补贴还是间接支持以及以何种方式支持？我国林业保险缺乏法律规范，目前还没有专门的林业保险法律法规，对林业保险的性质也没有作出明确的规定，林业保险的组织机构、业务经营方式和会计核算制度等都按照《保险法》中对商业保险的规范来实施，林业保险始终被包容在商业性保险体制中，但由于林业保险的特殊性，其和商业保险有着很大的差别，使之难以完全取得自身发展的业务空间。

其二，营林者保险意识薄弱，保险业务不成熟。虽然林业保险对林业生产尤其是木材资源培育的积极作用已为政府营林者所认可，在经济较发达的林区，已被一部分独立经营、自负盈亏的林农所认识和接受，但是在更多的林区，尤其是经济欠发达的林区，林业保险的意义还没有为林农所接受。一方面，营林者的收益低下，高额的保费使得部分营林无法承担，即使能够承受，由于收益低，保费占收益的比例较大，森林投保增加了林农经济负担，令他们心存侥幸，不愿意投保。另一方面，对保险公司而言，林业市场竞争性弱，赢利能力低下，风险高，导致其赔付率高，经营成本高，开办林业保险比其他保险的收益率低，甚至出现亏损。

8.2.2　建立完善的林业保险制度

目前我国林业保险发展严重滞后。一方面林农的收入偏低、保险意识薄弱，投保率过低，林业保险的需求有限。这又导致林业保险从业人员少，没有合适的林业保险机构。且保险险种单一，造成林业保险承保率低。保险的优势发挥不出来，少人投保，恶性循环严重。而林业保险对于我国林业发展作用巨大，对于林农来讲，通过林业保险可以分散自然灾害等难以预防的风险，减少林农损失，提高他们的种植积极性，促进林业可持续发展。所以，完善农村林业保险制度具有巨大和深远的意义。

1. 提高林业经营者的保险意识，鼓励林农投保

由于农村地区环境的特殊性，居民连对自身的保险都还不清楚，对于林业保险更无所适从。所以，首先要加大宣传教育力度，为进行林权改革的农村地区居民进行林业保险知识普及，讲清其中的利害关系，鼓励其积极投保。政府可以实行林业保险的补偿机制，对营林者投入的保费按一定的比例给予补贴，补贴的形式可以多样化，依据林农的需要，可以直接补贴资金，也可以是营林投资品、技术指导、税收优惠等方式。以此减轻林农的经济负担，使其从林业保险中获益，从而意识到林业保险的意义，提高投保的积极性。

2. 完善林业保险相关制度的建设

主要通过林业保险立法，规范林业保险的经营主体、参与主体、受益主体的权利和义务关系来规范保险法制。具体措施为：其一，改变当前我国开办林业保险的仅有中国人民财产保险有限公司承保的现状，出台相关政策，建立专门从事农业保险业务的保险公司，简化操作，提高效率；其二，目前还有很多险种没有开办，如森林病虫害险等；其三，林业保险的经办，要根据我国不同地区林业职工的生产生活条件、经济发展水平，确保相应的保险项目和保障水平；其四，在保期确定上，充分考虑北方林业的季节变化，探索由年保变为季保的做法，降低保险费用，同时防范风险。在保险费率和赔偿标准确定过程中，应充分考虑不同地区、不同林种、树种、林龄的差异性。另外，林业保险工作难度大，费用高，林业保险的组织体系、经营范围、基金管理、费率制度、赔付标准等也缺乏法律规范。因此，国家林业局应协调有关部门为林权制度改革试点实行政策性保险，国家应当加快林业保险方面的立法，并依据新的形势修改部分法律，为林业保险发展和运行提供有利的外部环境，有效规避经营风险。

3. 创新保险资金的利用制度，使全社会共同分担林业风险

对于大型的林场，由于其风险巨大，保险公司对其风险的承受能力有限。这种情况下，可以创新保险资金用法，分散林业风险的承担。但是一定要根据保险法的相关规则来制定措施和发展新方式。不能违反相关法律，导致资金乱用而面临更大的风险。其中，巨险证券化就是一种很好的形式。具体做法是，保险公司发行巨险证券，让全社会来分担林业的风险。当投保的林业遭受巨大的风险时，保险公司可以用保费和巨险证券融到的资金对林业灾害进行补偿，此时巨险证券的投资者就失去了其本金及利息；当投保的林业没有发生灾害时，巨险证券投资者和保险公司共同受益。这样既可以承担巨额的风险，又可以降低保险公司的风险。另外，政府可以对保险公司直接进行资金补贴，也可以通过出台林业保险相关的优

惠政策来间接支持保险公司，如政府可以减免保险公司开办林业保险所得收益的税费，从而激发保险公司开办林业保险的积极性（李丽娟，2009）。

8.3 加强林业专业合作社的发展

8.3.1 发展林业专业合作社的必要性

1. 农业是合作经济最活跃的领域

合作经济是一个全球性的重要的经济组织。合作经济是"小人物"在"大世界"中的机会。合作经济具有广泛的适用性，农业是合作经济最活跃的一个领域，农民合作社的主要功能是：集中销售和采购，提高农民的交易能力，降低农民单独交易的成本；开展农产品的产后加工和流通，延伸农业产业链条，获取农产品价值的增值；代表农民与其他利益主体进行竞争和谈判，改善农民的经济地位和社会地位。在发达国家，80%以上的农民参加了一个以上不同类型的合作社，农民 1/3 以上的生产资料是通过合作社采购的，1/3 以上的农产品是通过合作社加工和销售的。

2. "家庭经营 + 社会化服务"是现代农业的经营组织形式

农业之所以是合作经济最活跃的领域，是由农业经营组织的特点决定的。现代农业经营组织形式的特点是"家庭经营 + 社会化服务"。首先，农业实行家庭经营模式具有客观必然性。农业中集体劳动的计量和监督成本极其高昂，农业劳动生产周期长，作业分散，如实行集体劳动，难以准确评价劳动者提供劳动的数量和质量，难以防止"搭便车"行为，而这个问题如果交由家庭来处理就变得简单起来，家庭成员之间的目标差异和利益摩擦最少。其次，分散农户需要从家庭外部获得经济和技术服务。虽然农业由家庭经营具有必然性，但是，就农业的全过程而言，有不少环节仅靠家庭是搞不了、搞不好或搞不起来的，是不经济的（傅晨、刘梦琴，2007）。

3. 我国现有农村社会化服务体系落后

迄今为止，我国农村社会化服务体系建设依然落后，不能有效满足农民家庭经营的服务需求。一是农村社区集体经济组织改革滞后，经济实力薄弱，大多数只是对土地的发包和调整进行管理，不能向农民提供其他服务。二是农业部门的"七站八所"、供销社、信用社等，不仅服务质量低下，而且费用高昂。三是如果农户从市场选择服务供给商，由于单个农户信息不完备和竞争力不强，往往处于不利地位。

8.3.2 发展林业专业合作社的思路

1. 规范完善现有林业专业合作组织

依照《农民专业合作社法》，将现有林业专业合作组织进行规范，还其合作社的本来面目，促其健康发展，是各级政府部门应着手准备的工作。在工作安排上可遵循以下步骤：一是对林业专业合作组织进行全面调查，包括已注册的和未注册的，摸清其基本情况，逐个登记造册；二是依据合作社法，在充分尊重林农意愿的情况下指导合作组织走上健康发展轨道。已注册的合作组织，如果在性质上、组织形式上都属于行业协会或社团组织，并且以协会或社团组织形式存在更恰当的，维持其现有属性，由有关部门依照行业协会或社团组织的管理办法规范管理。属于合作社或以合作社的模式发展更有利的，则应引导其注销在民政部门的社团法人资格，转到工商行政管理部门重新登记为合作社法人。未注册的，也要根据其性质特点，引导其到工商行政管理部门登记为合作社或到民政部门登记为协会，纳入规范管理。这项工作比较复杂，建议由农业部门牵头，供销、科技、民政、工商、统计等有关部门密切配合，共同完成。

2. 加强对林业专业合作社的政策扶持

一是积极支持林业专业合作社承担林业工程建设项目。天然林保护、公益林管护、速生丰产林基地建设、生物质能源林建设、碳汇造林等林业工程建设项目，林业基本建设投资、技术转让、技术改造等项目，应当优先安排林业专业合作社承担。二是大力扶持林业专业合作社基础设施建设。各地应将林业专业合作社的森林防火、林业有害生物防治、林区道路建设等基础设施建设纳入林业专项规划，优先享受国家各项扶持政策。三是鼓励有条件的林业专业合作社承担科技推广项目。支持林业专业合作社承担林木优良品种（系）选育及林木高效丰产栽培技术、森林植被恢复和生态系统构建技术、野生动物驯养繁育技术、森林资源综合利用技术等林业新品种、新技术推广项目。四是鼓励林业专业合作社创建知名品牌。积极支持林业专业合作社开展林产品商标注册、品牌创建、产品质量标准与认证、森林可持续经营认证活动。五是支持林业专业合作社开展森林可持续经营活动。县级林业主管部门和基层林业工作站要指导和帮助农民林业专业合作社自主编制森林经营方案。经林业主管部门认定后，林业专业合作社或其成员依法采伐自有林木，可按森林经营方案执行。六是支持林业专业合作社开展多渠道融资和林业保险。林业主管部门要按照《中国人民银行、财政部、银监会、保监会、林业局关于做好集体林权制度改革与林业发展金融服务工作的指导意见》的要求，支持林业专业合作社开展多渠道融资和林业保险，支持林业专业合作社开展成员之间的信用合作。七是依法对林业专业合作社实行财政和税收优惠政策。国家依法支持林业专业合作社开展信息、培训、产品质量标准与认证、基础设施建设、市场营销和技术推广等服务的资金，应当安排林业专业合作社使用。

3. 培育和扶持多种类型林业专业合作社的发展

目前国内林业专业合作社呈现出多种模式。一是股份合作模式。该模式以农户承包经营的林地、林木评估作价入股成立合作社，林地、林木由合作社统一经营管理，在保障每年保底收入的基础上，年底按可分配收入享有分红，即"股份运作，企业经营，整体规划，统一产销，按股分红"。二是统一销售模式。由专业合作社对产品统一进行包装与销售，并通过森林食品标志申报，商标注册，以及市场营销，树立品牌，进而实现产业化经营的目的。在"入退自由、平等互利"的前提下，由社员共同出资建立联合实体，收购的产品不仅局限于社员。其表现方式有"合作社＋基地＋农户""合作社＋社员""合作社＋农户"等。这种模式属于松散型，目前大多数林业合作社都采取这种合作模式。三是统一技术模式。由专业合作社给社员和农户提供种植管理技术，并统一执行技术标准，全程跟踪种植各环节并提供技术服务，产品由专业合作社按约定的保底价回收。合作社坚持"四统一分"原则，即合作社统一生产资料、统一生产标准、统一品牌、统一销售，生产一分到户，自己负责。其表现方式主要有"合作社＋社员""合作社＋农户"等。这种模式属于紧密型，近年来发展较多。四是合同订单模式。该模式在整个林业产业化经营过程中，也叫"订单林业"模式，是指合作社（或龙头企业）为了保证原料的稳定供给，在产前与农户签订供货合同，合同内容中既有数量、质量要求，也有价格规定等条款。该模式属于半紧密型，以工业原料林为主要经营方向的合作社大多属于该模式。五是提供担保模式。为应对林农林业发展资金少、融资难等问题，农户以林地折价或现金方式合作成立专业合作社，不统一组织产品的生产、销售，只为社员提供融资担保。这种模式属于松散型，目前还比较少。对于以上五种模式，应当因地制宜，尊重林农的意愿，根据各地的实际予以扶持和促进，而不能搞"一刀切"。

8.4 改革现有征地制度

8.4.1 征占林地的制度缺陷

我国是一个森林资源相对缺乏的国家，整个国民经济尚处在工业化的初期，土地资源供求矛盾十分突出。林地在森林资源中具有重要地位，但由于保护不力，消失速度很快。林业发展离不开林地，占用、征用林地都会使林业发展空间逐渐缩小。所以保护林地、尽可能少占或者不占林地是直接关系到林业发展大局的重要问题。我国《土地管理法》《森林法》对占用、征用林地作出了明确规定，即进行勘查、开采矿藏和各项建设工程而使用林地的，不仅要缴纳森林植被恢复费，而且必须符合法定程序。这些规定的根本目的在于有效保护林地资源。现行的林地征用制度虽然在征地程序、植被恢复等方面作出了相应规定，但是忽视了一个非常重要的问题，就是林地使用者的权益没有给予足够的重视，目前的做法并未跳出土地管理传统思想的束缚，即仍然沿袭先征用再出让的路径，严重侵犯了农民集体及农民的林地权益。

8.4.2 征地制度不完善的原因

1. 征地和供地的双轨制，激励着地方和单位多征多占

20 世纪 90 年代初，随着用地主体的多元化，国家调整了供地政策，对一些经营性用地项目改为国有土地有偿使用。政府通过出让国有土地，收取土地出让金。但征地办法却未相应改变，无论公益性用地还是经营性用地，都沿用计划经济的强制征地办法。这样，在征地与供地之间制造了一个利益空间，从而为地方政府"以地生财"创造了条件。客观上形成了"土地征占越多，政府利益越大"的激励机制。

2. 《土地管理法》的某些缺陷，给多征、侵犯农民权益提供了方便

这突出反映在征地范围和程序上。我国《宪法》第 10 条规定："国家为了公共利益的需要，可以依照法律规定对土地实行征收或者征用并给予补偿。"但《土地管理法》不仅未对"公共利益的需要"作出明确的阐释和界定，反而进一步规定，"任何单位和个人进行建设，需要使用土地的，必须依法申请使用国有土地"，

"依法申请使用的国有土地包括国家所有的土地和国家征用的原属于农民集体的土地"，从而将《宪法》规定的征地范围从"公共利益的需要"扩大到包括非公共利益需要的一切用地项目。在征地程序上，农民方作为所有者完全处于被动和不平等地位，从土地征用的认定，到补偿费的确定和劳动力的安置等，都是政府和用地单位说了算。

3. 利益驱动是引发征地的根本原因

虽然《土地管理法》《关于深化改革严格土地管理的决定》等法律法规、政策对征地行为都有严格的程序或实质的条件规定，但在实践中，这些"纸上的东西"根本敌不过利益，面对巨大利益的诱惑，各级政府、开发商在征地过程中都各尽所能争取自身利益的最大化。宏观调控确实卡住了一些开发区建设，但出现了很多打擦边球的情况。权力与资本结盟的连接点是利益，即使最严格的土地管理制度，纸上的文件与地方政府、开发商等的实际利益相比，都是苍白无力的（汪大海、吴至翔，2005）。

8.4.3　征地制度的重构

1. 修订《土地管理法》或制定"土地征收征用法"

尽早修订《土地管理法》或制定"土地征收征用法"。一方面，该法可以以法律的形式统领全国的征地行为，符合《立法法》的有关规定；另一方面，该法要协调法律体系内部的关系，消除法律或法律条文之间的矛盾，尽可能制定详细的条款来规范征地行为，如对征收和征用，应当明确两者在适用范围、适用条件、法律效果和补偿标准等方面的不同。

2. 公共利益的界定

本书赞同采样原则性规定和列举式相结合的方式界定公共利益，并且应注意以下问题。①公共利益的原则性规定应包含几层含义：a. 直接关系到社会全体成员的共同利益；b. 不特定人的经济、文化、教育等方面的利益；c. 与基本法律价值相关联的个人的生命、健康和自由的利益。②公共利益的列举式规定应尽可能将没有争议的项目列入其中，如公共交通设施、军事设施等。③由省级以上人大及其常委会作为判定公共利益的主体。当对公共利益理解上有争议时，政府部门、集体经济组织、公民等主体可向省级以上人大及其常委会提出判别公共利益的申请，由省级以上人大及其常委会依法进行判定。此种做法在英美宪政的民主理论中已有表述，即"公共利益应当由议会来决定"（梅夏英，2005）。

3. 规范征地程序

规范的征地程序至少包括：征地决定通告、受征地影响的土地持有人直接参与征地全过程并有机会上诉。简言之，就是要在征地程序中保证被征地者的三权：知情权、参与权和上诉权（杜国明，2007）。对于林地还应当注意以下几点。

一是规范开矿占用林地管理。《森林法》规定，开矿占用林地的应办使用林地手续，但矿产法没有规定，矿产主管部门在核发开矿许可证时不审核林地手续，由此而产生乱占林地问题的处理难度极大，这需要在立法上进行统筹。

二是规范征占用林地的审批部门。明确规定林业主管部门是林地征占用预审和具有最终审批权的部门，改变某些地方国土部门往往把本来是经济林地或宜林地的作为园地或其他未利用地上报审批，使一部分林地逆转为非林地。

三是规范征用、占用林地林木的采伐。按《森林法实施条例》规定，工程建设占用林地采伐林木，要有县级以上人民政府或国土部门批准的征占用土地的文件，林业主管部门才能审批需要增加的采伐限额、木材生产计划和发放林木采伐许可证。但在实际调查中发现，有一些具体问题并不容易解决。比如，只占空间不占地面的工程，国土部门不用办理用地手续，如果涉及林木采伐时就没有用地批准文件，林业部门就不能审批采伐林木，否则就违规。再比如，用地单位一般在国土部门出具预审土地计划、划定用地红线图后即可用地，但林业部门规定要有土地使用最终批准文件（即征用土地证）后，才能审批采伐林木。这些问题，需要结合工程建设的实际作出具体规定（谭世明，2009）。

8.5　其他配套制度的完善

8.5.1　促进林农非农就业

在集体林权流转中，稳定非农就业机会能够提高农户农地流转意愿。随着小城镇建设和城市化进程的加快，非农就业机会增加。但由于每年新增劳动力多，导致就业竞争激烈，而农民自身技能差、知识水平低，获得一份稳定的工作比较困难。由于从事非农产业收入不稳定，风险很大，而农业收入能够保障全家人的基本生活，这样林农就缺乏流转林地林木的意愿。当非农就业机会少，非农收入所占比重小时，让农民转出林地林木是不现实的。因此，大力促进非农就业，才能激励农民流转林地林木。

8.5.2　健全社会保障制度

只有健全的社会保障制度才能提高林农流转的意愿。我国农村社会保障制度包括养老保险制度、农村合作医疗制度、农村最低生活保障制度三个方面。城乡"二元经济结构"的长期存在导致了我国城乡社会保障严重失衡，农村的社会保障体系不健全。目前，除了绝大多数农户享有农村合作医疗保外，农村最低生活保障标准较低，农户不能参加养老保险，很难解决农民的养老保险问题。土地不仅能够满足农户的生存需要，而且能够提供就业机会，并在一定程度上起到养老保险的作用（何国俊、徐冲，2007）。土地对于农户而言，心理的保障作用实际上远远大于实际经济保障功能（钟涨宝、狄金华，2008）。土地承担的社会保障功能弱化了农户流转土地的意愿，进而影响农地流转的效率。

8.5.3 提供金融扶持

由于林业生产周期较长，资金循环较慢，资金占用时间过长，因而贷款利息较高，贷款金额过低，而且林业保险面较窄，这些问题严重制约着林业的融资和发展能力。国家可以参照对农业和教育进行补贴的办法，出台更多优惠政策对林业生产进行补贴。金融部门可以对林业实行长期、低息或贴息的信贷扶持政策，建立面向林农和林业职工个人的小额贷款和林业小企业贷款扶持机制。例如，浙江丽水的集体林权小额信用贷款，不仅有效破解了制约林业及"三农"发展的资金问题，而且为金融机构开辟了新的业务领域，促进了金融业与林业的共同发展（毛小荣，2009）。

8.5.4 重视科技支撑体系建设

集体林权流转的发展需要科学技术，通过先进仪器设备和技术手段的应用，可以极大地提高集体林权流转效率。例如，广东省四会市在集体林权改革中率先应用集体林权管理信息系统（GIS），全面掌握了全市的林地林木信息，对于集体林权改革中的确权工作带来了极大方便，并且节省了大量人力、物力。还比如，浙江丽水在林权抵押贷款工作中引入了 IC 卡管理，即林农每人一张 IC 卡，卡上储存着自己所拥有林地的地理影响信息，在办理抵押贷款时，只要通过刷卡就可以清楚地知道林地林木的面积、位置等信息，从而免除了过去每次贷款都要人工勘测的麻烦，大大提高了贷款效率。

8.6 小结

本章研究的主要结论如下。第一，林权纠纷形势严峻，根据我国国情和司法现状，应建立一种"以行政调处为重点，以诉讼方式为核心，以其他救济手段为补充"的多元化的林权纠纷解决机制。第二，目前我国林业保险制度极度不健全，保险的种类、覆盖面、保险费率、保险的金额等还在摸索过程中，应当从提高林业经营者的保险意识、完善林业保险相关制度建设、创新保险资金的利用制度等几方面来完善林业风险制度。第三，"家庭经营＋社会化服务"是现代农业的经营组织形式，应当依照《农民专业合作社法》，规范现有林业专业合作组织，加强对林业专业合作社的政策扶持，并且培育和扶持多种类型林业专业合作社的共同发展。第四，现有征地制度严重侵犯了农民集体及农民的林地权益，其根本原因是制度设计不合理，应当从修订法律法规、重新界定公共利益、规范征地程序等几方面重构征地制度。第五，促进林农非农就业、健全社会保障制度、提供金融扶持和重视科技支撑体系建设都将促进集体林权的流转。

本章蕴含的政策意义是：第一，为促进集体林权流转制度规范、快速和健康发展，就必须改革和完善相关配套政策，从而提高制度改革的效率；第二，林权纠纷化解机制、林业保险制度、林业专业合作社制度、林地征收制度等制度的建设，都与政府行为存在着直接或间接的联系，政府部门应当规范自己的行为，正确定位自己的职能，更好地促进集体林权的流转。

9

研究结论与展望

9.1　研究结论

1. 集体林权流转现状反映了现行流转制度安排

虽然 1998 年修订的《森林法》和 2003 年《中共中央、国务院关于加快林业发展的决定》都明确规定由国务院制定林权流转具体办法，但时至今日也未出台全国层面的流转办法。为了适应林权流转的现实需要，福建、江西、湖南等地纷纷出台相关流转条例（办法）。各地的流转条例（办法）虽然对规范林权流转行为起到了积极作用，但由于缺乏充分的理论和实践准备，必然会存在各种问题。在广东集体林权改革试点中，集体林权流转平台从无到有，出现了流转程序逐步规范、流转价格逐步提高等好的发展势头，但同时存在着缺乏林地林木资产评估、社会化服务体系不健全、林权抵押贷款创新不足等问题。现行制度安排对于场内交易的制度设计并未达到预计目标。当农户作为受让方时，农户主要采取私下流转，相关制度效率受到影响，流转市场运行有效性将受到制约。因此，虽然流转发生率不高与集体林权制度改革开展的时间较短有一定关系，但更主要的原因在于现行流转制度安排不合理、不完善。

2. 集体林权流转需要建立完整的制度体系

有效率的制度和制度变迁必须整合到一个综合的整体框架内，充分考虑与配套制度和辅助性制度的功能协调和逻辑统一，以发挥

"部分功能之和大于整体"的功效。为降低制度变迁过程中的风险与成本,应当根据各种制度在集体林权流转中的功能,建立集体林权流转制度体系框架,包括产权制度、核心制度和配套制度三部分。其中:产权制度是基础;核心制度包括交易制度、价格制度和利益分配制度,是整个集体林权流转制度体系最主要的部分;配套制度是保障。我国林权的产权体系结构由物权(包括所有权、用益物权、担保物权)和债权两大类权利组成。集体林权流转交易制度由交易规则体系、交易监管体系、交易服务体系等三个制度体系组成,是集体林权流转交易制度的"三驾马车"。科学的价格形成机制包括三大体系:科学的市场竞价体系、合理的基准价格体系、规范的价格评估体系。集体林权流转中主要存在政府与生产经营者、农民集体与林农、转出方与转入方、生产经营者与生态受益者等四类主体之间的利益冲突。配套政策主要包括林权纠纷化解制度、林业保险制度、专业合作社制度、林地征收制度、林业科技支撑制度、就业及社保制度等方面。完整的集体林权流转制度体系建设势必能够减少新的林权流转制度与其他制度之间的摩擦,提高制度创新的效率,减少集体林权在流转过程中的不确定性和风险,进而规范和促进集体林权的流转。

3. 创新集体林权产权制度是建立制度体系的前提

集体林权流转的内容是林地林木产权,因此首先必须明晰林地林木产权的性质、组成、界线等内容。以农村家庭承包经营为基础、统分结合的双层经营制度,使农户家庭成为农业农村中最为重要的经济主体,从而充分调动了农民经营的积极性,取得了举世瞩目的农村改革奇迹。然而,同样的改革思路,在集体林发展中并没有出现像农地制度变迁那样令人鼓舞的情形。因此,集体林权制度改革必须在准确把握林业产权特性的基础上,运用产权理论的一般原理,借鉴制度分析的基本方法,建构起适宜林业行业和符合部门特点的集体林权制度。具体的产权制度创新思路有:其一,搁置集体所有权性质争议,明晰集体经济组织在农村集体经济中的地位,赋予集体林权完整的权能，规范集体林权登记发证工作；其二，认为家庭承包经营不是实现"明晰产权"的唯一方式；其三，认为集体林权流转应当采取债权形式主义物权变动模式。

4. 完善核心制度是建设集体林权流转制度体系的关键

交易制度、价格制度和利益分配制度三者之间相互联系、相互作用、相互影响，是建设集体林权流转制度体系的关键。交易制度以价格制度为基础，而交易的状况又影响到价格制度的形态；利益分配需要通过价格形式来完成，同时利益分配格局又会影响价格制度；利益分配制度的状况会影响交易制度的形成，而交易的结果又直接影响到利益的分配。完善交易制度的思路有：制定流转立法，规范林权流转交易规则体系；规制政府行为，健全林权流转交易监管体系；推动社会力量，完善林权流转交易服务体系。完善价格制度的思路有：应当从林地流转和活立木流转两个角度分别建立价格理论、价格体系和基本价格公式，逐步建立起由科学的市场竞价体系、合理的基准价格体系和规范的价格评估体系等三大体系构成的价格形成机制。其中的关键问题是规范价格评估体系。完善利益分配制度的思路有：改进限额采伐政策和完善林业税费政策是协调政府与生产经营者之间利益关系的关键。协调生产经营者内部的利益关系就是要建立科学的价格形成机制和合理的农民集体内部利益分配机制。完善生态补偿制度才是解决生产经营者与生态受益者之间利益冲突的根本。

9.2 政策法规建议

1. 完善相关立法

为了规范全国范围内的集体林权流转，应当制定"林权流转条例"。该条例应当包括以下内容。

（1）明晰林权流转的内涵。从广义上说，林权流转包括林地、林木（包括森林，下同）所有权和使用权的流转；狭义的林权流转仅指林地使用权、林木所有权和林木使用权在不同主体之间的流动和转移。

（2）确立债权形式主义物权变动模式，强化林权登记的效力。根据物权法理论，林权流转应当坚持公示原则和公信原则。公示原则与公信原则相辅相成，公示原则以公示与否来确定权利的归属，公信原则赋予公示以公信力，保护信赖公示的善意第三人。

（3）明确林权流转的内容。广义的林权流转包括林地、林木所有权和使用权的流转，狭义的林权流转仅指林地使用权、林木所有权和林木使用权在不同主体之间的流动和转移。条例可以重点规范实践中比较有意义的林地使用权、林木所有权（含使用权）和综合性林权的流转。

（4）确定林权流转的方式。流转形式有以下几种：承包和转让、租赁、入股、抵押，以及互换、反租倒包、转包、转租等。

（5）规范集体林权流转程序。林权流转应当以林地流转为核心，区分林权的性质（国家所有、集体所有或者公民、法人、其他组织所有），一般应遵循申请、许可、协议、登记和公示等程序来进行。明确集体林权的流转，必须经本集体经济组织 2/3 以上成员或村民代表同意。

2. 推动集体林权流转制度体系建设

我国现行集体林权流转制度过于分散，不成体系。完整的集体林权流转制度体系建设势必能够减少新的林权流转制度与其他制度之间的摩擦，提高制度创新的效率，减少集体林权在流转过程中的不确定性和风险，进而规范和促进集体林权的流转。既要重视交易制度、价格制度和利益分配制度等核心制度的建设，也要重视集体林权流转制度与相关制度间的相互关系，积极进行产权制度和配套制度建设，优化集体林权制度的运行环境。

3. 重视集体林权产权制度改革

当前集体林权制度改革是从明晰产权、确立经营主体入手的，但农村集体产权制度的改革进程将会是一个漫长的过程。首先，应当搁置集体所有权性质之争，发展和丰富集体林地林木用益物权制度，赋予集体林权占有、使用、收益和处分等四项完整权能，保护林权权利人的收益权和处置权，以真正实现集体林地林木的产权价值。其次，集体林权制度改革不能硬套农业改革的模式，应当在准确把握林业产权特性的基础上，借鉴广东"务实"的集体林权改革路线，因地制宜，充分考虑山林的现有状况，由农民自己民主选择改革方案和经营方式。再次，应当高度重视确权登记工作，真正赋予登记作为林权成立的基本要件的功能。

4. 处理好政府与生产经营者的关系

林权制度变迁的历史进程表明，每一次林权制度的重大变革，均是由各级政府通过命令、指示、决定、法规等强制性手段来主导进行的，林农的经营决策行为在很大程度上受制于政府的政策指向，使得本来就不清晰的权属变得更加模糊，林农经营林业的积极性显著受挫。在集体林地林木流转市场发育初期阶段，市场机制不甚完善，政策规制可成为引导市场发育、消除市场失灵的有效干预手段。但从长远发展来看，合理发挥政府的调控作用，完善集体林权流转法律法规，培育社会中介服务力量，充分发挥市场和政府两种机制的作用，大力宣传推动集体林权公开流转，才是集体林权流转交易制度发展的必由之路。林权纠纷化解机制、林业保险制度、林业专业合作社制度、林地征收制度等制度的建设，都与政府行为存在着直接或间接的联系，政府部门应当规范自己的行为，正确定位自己的职能，更好地促进集体林权的流转。

5. 调整相关政策

集体林权流转交易制度、价格制度和利益分配制度直接关系到集体山林生产经营者的积极性，对于森林资源的保护，林业生产持续、稳定、协调发展，政府职能的转变和林区的长治久安等都具有重要意义。三大制度涉及多项需要调整的政策。第一，通过完善林地林木资产评估法规体系，建立林地林木资产评估行业自律制度，健全林地林木资产评估管理体系等手段，可以解决集体林权评估管理问题，最终建立起科学的价格形成机制。第二，现有限额采伐政策和林业税费政策设计不够合理，应当深入分析现有政策存在的深层次理论问题，借鉴国外政策法规的经验，改进两项政策。第三，应当协助市场主体、农民集体及农民建立科学的价格形成机制和合理的农民集体内部利益分配机制。第四，应当真正落实分类经营思想，深入检讨现有生态补偿政策的问题，从系统的制度层面找到完善生态补偿政策的科学合理路径。

参 考 文 献

阿兰·斯密德：《制度与行为经济学》，北京：中国人民大学出版社，2009。

艾大宾：《欠发达地区发展农地适度规模经营的若干思考》，《农村经济》2006年第9期。

奥尔森：《集体行动的逻辑》，上海：上海人民出版社，1995。

巴泽尔：《产权的经济分析》，上海：上海三联书店，1997。

柏章良、龙新毛、张立新：《湖南资兴市林地流转改革调研报告》，《林业经济》2006年第8期。

贝克尔：《人类行为的经济分析》，上海：上海三联书店，1993。

布罗姆利：《经济利益与经济制度：公共政策的理论基础》，上海：上海三联书店，1996。

曹明德、黄锡生：《环境资源法》，北京：中信出版社，2004。

曹务坤：《农村土地承包经营权流转研究》，北京：知识产权出版社，2007。

曹祖涛：《论我国林权流转法律制度》，《绿色中国》2005年第 5 期。

陈标金、李大胜:《城镇化进程中广东农村集体资产管理的现状、问题与对策》,《南方农村》2007 年第 2 期。

陈定洋:《公平与效率:中国农地产权制度变迁中的博弈》,《中共云南省委党校学报》2005 年第 5 期。

陈根长:《关于林权的法律规定》,《政策瞭望》2003 年第 3 期。

陈华彬:《论基于法律行为的物权变动》,《民商法论丛》1997 年第 6 卷,北京:法律出版社。

陈辉祥:《深化集体林权制度改革引发的矛盾问题与对策》,《防护林科技》2006 年第 3 期。

陈剑波:《农地制度:所有权问题还是委托—代理问题》,《经济研究》2006 年第 6 期。

陈世清、王佩娟、郑小贤:《南方集体林区森林资源产权变动管理对策研究》,《绿色中国》2005 年第 18 期。

陈锡文:《坚持集体林权制度改革　推进新农村建设》,《林业经济》2006 年第 6 期。

陈晓倩、李世旭:《市场化筹资方式在生态林业中的应用》,《林业财务与会计》2002 年第 5 期。

陈永源、谢德海:《福建省南平市集体林权制度改革的实践与建议》,《林业经济问题》2005 年第 5 期。

陈远树:《我国林权流转制度研究》,重庆大学硕士学位论文,2005。

程云行:《南方集体林区林地产权制度研究》,北京:中国林业出版社,2005。

《辞海》(第 6 版),上海:上海辞书出版社,2010。

崔建远:《土地上的权利群研究》,北京:法律出版社,2004。

戴广翠、徐晋涛、王月华等:《中国集体林产权现状及安全性研究》,《林业经济》2002 年第 11 期。

戴维斯、诺斯:《财产权利与制度变迁》,上海:上海三联书店,1994。

戴星翼:《土地所有者的权利与林地使用费》,《林业经济》2006 年第 6 期。

戴玉才、张然:《从国际比较看中国非公有制林业发展》,《绿色中国》2004 年第 18 期。

道格拉斯·诺斯:《西方世界的兴起》,北京:华夏出版社,1999。

德姆塞茨:《关于产权的理论》,《财产权利与制度变迁:产权学派与新制度学派译文集》,上海:上海人民出版社,1994。

丁建中:《产权的理论及产权改革目标模式探索》,上海:上海社会科学出版社,1994。

丁胜、沈文星:《林地流转中的利益分配问题及其对策》,《南京林业大学学报》(人文社会科学版)2002 年第 3 期。

杜广山:《浅谈林权流转的几个问题》,《安徽林业》2006 年第 6 期。

杜国明:《广东集体林权流转现状、问题及完善》,《中国林业经济》2011 年第 2 期。

杜国明、江华:《论林权纠纷化解机制》,《调研世界》2009 年第 5 期。

杜国明、江华:《源自国有林场的自然保护区面临的困境及出路》,《中国农学通报》2009 年第 22 期。

杜国明:《农村集体经济组织立法探析》,《法学杂志》2010 年第 5 期。

杜国明、杨建广:《我国征地纠纷解决机制的构建》,《求索》2007 年第 6 期。

段应碧:《改革现行土地征用制度,切实保护农民的土地权益》，北京：中国经济出版社，2004。

樊喜斌：《关于林地流转问题的探讨》，《林业资源管理》2006年第 4 期。

弗里曼：《工业创新经济学》，北京：北京大学出版社，2004。

傅晨、刘梦琴：《广东农民专业合作经济组织发展的缘由、现状与政策建议》，《广东合作经济》2007 年第 3 期。

高富平：《物权法》，北京：清华大学出版社，2007。

高桂林、吴国刚：《我国林权制度构建之研究》，《法学杂志》2005 年第 2 期。

高岚：《林业经济管理》，北京：中国林业出版社，2009。

高岚、王富炜、李道和：《森林资源评价理论与方法研究》，北京：中国林业出版社，2006。

高利红：《"绿色"物权的法定化——林业权之物权法体系构造》，http：//www. fatianxia. com/paper/22879/。

高利红：《森林权属的法律体系构造研究》，《现代法学》2004 年第 5 期。

郜峰：《我国森林资源物权法律制度研究》，重庆大学硕士学位论文，2006。

《关于进一步加强山林纠纷调处工作的意见》，http：//www. 9668. com/lawinfo/Showinfo. aspx？ fid＝184490，2008。

《国家林业局关于切实加强集体林权流转管理工作的意见》，http：//lygg. forestry. gov. cn/portal/lgs/s/831/content－339029. html。

哈耶克：《法律、立法与自由》，北京：中国大百科全书出版社，2000。

哈耶克：《通往奴役之路》，北京：中国社会科学出版社，1997。

韩德培：《环境保护法教程》（第四版），北京：法律出版社，2003。

韩国康、严国香:《森林资源资产变动现状分析与对策研究》,《林业经济》2004 年第 4 期。

韩松:《集体所有制、集体所有权及其实现的企业形式》,西安:陕西师范大学出版社,2000。

何国俊、徐冲:《城郊农户土地流转意愿分析——基于北京郊区 6 村的实证研究》,《经济科学》2007 年第 5 期。

胡方:《中国金融制度的非均衡变迁》,《吉林财税高等专科学校学报》2002 年第 3 期。

胡嘉滨:《论中国森林资源产权法律制度》,东北林业大学硕士学位论文,2003。

华启清、林卿:《福建林地可持续利用的制度方法选择》,《林业经济问题》2006 年第 2 期。

黄常青:《不动产物权变动研究》,吉林大学博士学位论文,2009。

黄和亮:《论以林地资源管理为中心创新森林资源管理制度》,《林业经济问题》2006 年第 6 期。

黄李焰、陈少平、陈泉生:《论我国森林资源产权制度改革》,《西北林学院学报》2005 年第 2 期。

黄丽萍:《农村承包地使用权流转价格低廉的原因探讨》,《农业经济问题》2005 年第 8 期。

集体林权制度改革调研组:《云南省集体林权制度改革调研报告》,《林业经济》2007 年第 6 期。

《集体林权制度改革中的林权流转及规范问题研究》,http://www.xbnc.org/article_show.asp? articleid = 4486。

贾治邦:《中国农村经营制度的又一重大变革——对集体林权制度改革的几点认识》,《求是》2007 年第 17 期。

江华、杜国明:《林权的物权变动模式选择》,《林业经济问题》2011 年第 3 期。

姜明安:《行政法与行政诉讼法》,北京:北京大学出版社,

1999。

蒋月、何丽新：《婚姻家庭与继承法》，厦门：厦门大学出版社，2005。

靳相木：《解析征地制度改革的主流思路》，《中国农村经济》2008年第2期。

柯水发、温亚利：《森林资源环境产权补偿机制构想》，《北京林业大学学报》（社会科学版）2004年第3期。

科斯、阿尔钦、诺思等：《财产权利与制度变迁》，上海：上海人民出版社，1994。

孔凡斌、杜丽：《新时期集体林权制度改革政策进程与综合绩效评价——基于福建、江西、浙江和辽宁四省的改革实践》，《农业技术经济》2009年第6期。

孔凡斌：《集体林权制度改革绩效评价理论与实证研究——基于江西省2484户林农收入增长的视角》，《林业科学》2008年第10期。

孔祥智、郭艳芹、李圣军：《集体林权制度改革对村级经济影响的实证研究——福建省永安市15村调查报告》，《林业经济》2006年第10期。

孔祖根：《林海探金——浙江丽水市林权抵押贷款的探索与实践》，北京：中国金融出版社，2009。

雷海章：《关于建立循环经济的绿色制度的探讨》，《福建农林大学学报》（哲学社会科学版）2004年第3期。

李爱平：《林权流转制度研究》，厦门大学硕士学位论文，2008。

李航舟：《公平与效率关系的现实思考》，《西北农林科技大学学报》（社会科学版）2006年第5期。

李立清、李燕凌：《农村居民消费结构的多层次性灰度关联分析》，《农业技术经济》2003年第6期。

李丽娟：《我国农村集体林权改革法律问题研究》，重庆大学硕士学位论文，2009。

李龙哲：《重点国有林区森林资源流转障碍分析及建议》，《绿色财会》2006 年第 3 期。

李松龄：《公平与效率的产权基础——起点公平与结果公平的产权分析》，《华中师范大学学报》（人文社会科学版）2004 年 2 期。

李文华等：《森林生态效益补偿的研究现状与展望》，《自然资源学报》2006 年第 5 期。

李延荣、周珂：《集体林权流转和林地使用费法律问题研究》，北京：中国人民大学出版社，2008。

李裕、周宝中、余蜀峰等：《林权流转制度建设对策分析——国家林业局集体林权制度改革课题研究项目分析》，《四川农业科技》2008 年第 4 期。

李周：《林权改革的评价与思考》，《林业经济》2008 年第 9 期。

梁慧星、陈华彬：《物权法》，北京：法律出版社，1997。

梁慧星：《中国物权法草案建议稿》，北京：社会科学文献出版社，2000。

梁明莲、江明峻：《林地流转的问题与对策》，《中国林业》2004 年第（11A）期。

林善浪：《农户土地规模经营的意愿和行为特征——基于福建省和江西省 224 个农户问卷调查的分析》，《福建师范大学学报》（哲学社会科学版）2005 年第 3 期。

林旭霞、张冬梅：《林权的法律构造》，《政法论坛》2008 年第 3 期。

林毅夫：《再论制度、技术与中国农业发展》，北京：北京大学出版社，2000。

林毅夫：《制度、技术与中国农业发展》，上海：上海人民出版社，1994。

刘璨、吕金芝、王礼权等：《集体林产权制度分析——安排、变迁与绩效》，《林业经济》2007 年第 11 期。

刘凡等：《产权经济学》，湖北：湖北人民出版社，2002。

刘荷芬：《河南省活立木交易市场探索》，《地域研究与开发》2006 年第 5 期。

刘宏明：《试论林权概念的修正》，《林业经济》2006 年第 11 期。

刘宏明：《我国林权若干法律问题研究》，《北京林业大学学报》（社会科学版）2004 年。

刘金龙：《对中国集体林区产权改革诸问题的认识》，《林业经济》2006 年第 8 期。

刘先明：《我国林权有关法律问题探究》，《生态文化》2004 年第 2 期。

刘小强：《我国集体林产权制度改革效果的实证研究》，北京林业大学博士学位论文，2010。

刘艳、高兴民：《农地制度中的公平与效率研究》，《财经问题研究》2005 年第 12 期。

刘艳：《农地使用权流转研究》，东北财经大学博士学位论文，2007。

吕月良、施季森、张志才：《福建省集体林权制度改革的实践与思考》，《南京林业大学学报》（人文社科版）2005 年第 3 期。

罗必良：《人民公社失败的制度经济学解理：一个分析框架及其应用》，《华南农业大学学报》（社会科学版）2002 年第 1 期。

罗必良：《新制度经济学》，太原：山西经济出版社，2005。

罗伯特·考特、托马斯·尤伦：《法和经济学》，上海：上海三联书店，1994。

马爱国：《我国森林资源产权分析》，《国家行政学院学报》2003 年第 2 期。

马克思：《马克思恩格斯全集》（第 30 卷），北京：人民出版社，1995。

马莉祯：《浙江省森林资源产权流转政策研究》，浙江林学院硕士学位论文，2009。

马特：《物权变动》，北京：中国法制出版社，2007。

毛小荣、陈世通：《丽水市林权抵押贷款的调查与思考》，《林业经济》2009 年第 7 期。

梅夏英：《物权法·所有权》，北京：中国法制出版社，2005。

孟明浩、顾晓艳、蔡碧凡等：《城郊型乡村旅游地开发规划研究——以杭州富阳市白鹤村为例》，《福建林业科技》2006 年第 4 期。

孟勤国：《物权法如何保护集体财产》，《法学》2006 年第 1 期。

缪光平：《关于规范集体林权流转的建议》，《林业经济》2010 年第 7 期。

木下毅：《美国私法》，日本：有斐阁，1988。

聂影、吕月良、沈文星：《福建省集体林权制度改革的理论探索与创新》，北京：中国林业出版社，2008。

诺思：《经济史中的结构与变迁》，上海：上海三联书店，1991。

诺思：《理解经济变迁的过程》，北京：中国人民大学出版社，2007。

诺斯：《制度变迁理论纲要》，上海：上海人民出版社，1995。

诺斯：《制度、制度变迁与经济绩效》，上海：上海三联书店，1994。

潘朝辉、杨怀宇:《农业适度规模经营的前提条件》,《技术与市场》2007 年第 1 期。

乔永平、聂影、曾华锋:《集体林权制度改革研究综述》,《安徽农学通报》2007 年第 8 期。

青木昌彦、奥野正宽:《经济体制的比较制度分析》,北京:中国发展出版社,2005。

邱俊齐:《林业经济学》,北京:中国林业出版社,2007。

桑东莉:《可持续发展与中国自然资源物权制度之变革》,北京:科学出版社。2006。

邵权熙、张大红、刘金龙等:《湖南省浏阳市林权流转现状、问题及对策》,《林业经济》2007 年第 6 期。

盛洪:《现代制度经济学》(下卷),北京:北京大学出版社,2002。

盛婉玉:《基于物权理论的森林资源产权制度研究》,东北林业大学博士学位论文,2007。

盛婉玉、蒋敏元:《论中国集体林产权流转监管制度的完善》,《林业经济问题》2008 年第 2 期。

舒尔茨:《改造传统农业》,北京:商务印书馆,1999。

舒尔茨:《制度与人的经济价值的不断提高》,《财产权利与制度变迁:产权学派与新制度学派译文集》,上海:上海人民出版社,1994。

速水佑次郎:《发展经济学——从贫困到富裕》,北京:社会科学文献出版社,2003。

速水佑次郎、弗农·拉坦:《农业发展的国际分析》,北京:中国社会科学出版社,2000。

孙妍、徐晋涛、李凌:《林权制度改革对林地经营模式影响分析》,《林业经济》2006 年第 8 期。

谈佳隆:《中国农村土地制度及土地流转的政策演变》,《中国经济周刊》2005 年第 8 期。

谭俊:《不同类型国家林业管理体制的启示及借鉴》,《林业经济》1996 年第 3 期。

谭世明:《制度变迁视角下集体林权制度改革与现代林业发展研究——以湖北为例》,《华中农业大学博士学位论文》,2009。

汤肇元、郑四渭、韩国康等:《浙江省集体林区山林权流转调查与分析》,《浙江林业科技》2002 年第 1 期。

唐志、朱友君:《完善林地产权市场体系 促进林地有序流转》,《林业财务会计》2004 年第 6 期。

田琳:《林权用益权制度研究》,《林业工作研究》2004 年第 10 期。

童北海、王丰华、周样正:《鹰潭市林地资源流转的现状与对策》,《华东森林经理》2004 年第 4 期。

汪大海、吴至翔:《征地博弈与土地新政——江苏 150 位农民与国土资源部对簿公堂引发的思考》,《决策》2005 年第 4 期。

王飞、万志芳、于志杰:《论国有林流转的必要性》,《中国林业企业》2005 年第 71 期。

王礼权:《江西遂川县林业产权制度改革参与式问题研究》,《林业经济》2006 年第 8 期。

王利明:《物权法论》,北京:中国政法大学出版社,2003。

王权典:《生态公益林效益补偿法律制度与政策机制的建构创新——结合广东省相关实践考量》,《政法论丛》2008 年第 2 期。

王文烂:《福建集体林产权制度改革的公平与效率》,《林业科学》2008 年第 8 期。

王新清:《集体林权制度改革绩效与配套改革问题》,《林业经济》2006 年第 6 期。

王轶：《物权变动论》，北京：中国政法大学出版社，2001。

王佑辉：《集体建设用地流转制度体系研究》，《华中农业大学博士学位论文》，2009。

王泽鉴：《法律思维与民法实例》，北京：中国政法大学出版社，2001。

韦贵红：《集体林权制度改革中有关法律问题研究》，《北京林业大学学报》（社会科学版）2008年第1期。

魏立斌：《森林资源资产评估管理研究》，浙江林学院硕士学位论文，2007。

温世扬、廖焕国：《物权法通论》，北京：人民法院出版社，2005。

沃燕红、胡品平：《广东森林、林木和林地流转中的几个问题及其对策的探讨》，《广东林勘设计》2005年第4期。

吴军、徐德云：《林地流转是建德市集体林区森林经营的有效方式》，《华东森林经理》2003年第1期。

吴明华、程炎：《"林权流转"新模式探索》，《决策》2005年第12期。

吴群刚：《变革与繁荣：中国经济崛起的制度视角》，北京：清华大学出版社，2006。

肖艳、曹玉昆：《国有林区林地流转政策保障体系研究》，《农村经济》2007年第2期。

谢屹：《江西省集体林权制度改革中的林地林木流转研究》，北京林业大学博士学位论文，2008。

谢在全：《民法物权论》，北京：中国政法大学出版社，1999。

《新华字典》（第10版），商务印书馆，2004。

邢美华：《林权制度改革视角下的林业资源利用：方式·目标·政策设计》，华中农业大学博士学位论文，2009。

熊开平：《山地使用权有偿流转问题的调查与思考》，《林业经济》2007 年第 6 期。

徐国祯：《林业发展中多元相关的探讨》，《林业经济问题》2010 年第 1 期。

徐秀英：《南方集体林区森林可持续经营的林权制度研究》，北京：中国林业出版社，2005。

徐秀英、吴伟光：《南方集体林地产权制度的历史变迁》，《世界林业研究》2004 年第 3 期。

徐正春、王权典、景彦勤：《广东森林资源流转的现状、问题与对策研究》，《北京林业大学学报》（社会科学版）2005 年第 4 期。

严成：《林权制度改革——新时期林业生产关系的重大调整》，《江西林业科技》2006 年第 2 期。

杨萍：《集体林权流转主体若干问题研究——以福建集体林权制度改革为研究对象》，《福建林业科技》2007 年第 4 期。

姚星期、温亚利、丁文恩等：《林权交易中的信息问题分析》，《林业资源管理》2008 年第 2 期。

姚洋：《集体决策下的诱致性制度变迁——中国农村地权稳定性研究》，《中国农村观察》2001 年第 2 期。

姚洋：《中国农地制度：一个分析框架》，《中国社会科学》2000 年第 2 期。

《一棵树的生态价值》，《北方环境》2004 年第 5 期。

尹志娟、刘华根：《江西省集体林产权制度改革的探讨》，《内蒙古林业调查设计》2006 年第 4 期。

于德仲：《赋权与规制：集体林权制度改革研究》，北京林业大学博士学位论文，2007。

于海涌、丁南：《民法物权》，广州：中山大学出版社，2002。

喻胜云：《林权流转的法律属性分析》，《安徽农业科学》2007 年第 32 期。

宰步龙：《日本的森林组合》，《林业与社会》1999年第6期。

曾华锋：《森林资源弱市场化流转研究》，南京林业大学博士学位论文，2008。

曾庆敏：《法学大词典》，上海：上海辞书出版社，1998。

曾玉林：《现代林业的基本内涵与特征》，《林业经济》2007年第12期。

翟佳、吴普侠、杨君等：《陕北集体林产权制度改革探析》，《西北农林科技大学学报》（社会科学版）2006年第6期。

张国明、朱介石：《关于江西省集体林权制度改革的问题》，《林业经济》2007年第6期。

张红霄、张敏新、刘金龙：《集体林权制度改革："轮包制"的制度效应与瑕疵分析》，《林业经济》2007年第6期。

张红宇：《中国农村的土地制度变迁》，北京：中国农业出版社，2005。

张华坚：《福建开展林权证抵押贷款和森林保险业务》，《中国绿色时报》2005年5月10日。

张建松：《砍树到观树：我国转变林业资源利用方式成效显著》，http://www.xinhuanet.com/tech/xwhtm，2004。

张俊浩：《民法学原理》，北京：中国政法大学出版社，1997。

张蕾、谢晨：《日本的主要林业政策与改革》，《世界林业研究》1999年第6期。

张盛钟：《浅析集体林权制度改革与森林资源流转》，《中国林业》2006年第（4A）期。

张五常：《佃农理论》，北京：商务印书馆，2002。

张晓东、张洪生、张玉伟等：《深化集体林权改革 促进林业又好又快发展》,《辽宁林业科技》2008 年第 3 期。

张岩:《森林资源流转法律制度研究》,东北林业大学硕士学位论文,2008。

张义华:《物权法论》,北京:中国人民公安大学出版社,2004。

张玉光、徐正春:《广东生态公益林体系建设若干问题的探讨》,《西南林学院学报》2000 年第 4 期。

张正全:《云南省集体林权制度改革浅见》,《林业调查规划》2006 年第 5 期。

章政:《农村土地产权制度新模式的探索》,《中国农村经济》2005 年第 2 期。

《浙江省发展多种林业专业合作社模式助推林农增收》,《浙江林业科技》2009 年第 9 期。

郑宝华:《中国南方非耕地资源产权制度研究》,北京:中国书籍出版社,2003。

郑临训、江红:《福建南平集体林权制度改革回顾与思考》,《林业经济》2006 年第 3 期。

钟全林、陈少腾、王桂英:《集体林权制度改革后面临的森林资源管理问题及对策》,《林业经济》2007 年第 6 期。

钟涨宝、狄金华:《农村土地流转与农村社会保障体系的完善》,《江苏社会科学》2008 年第 1 期。

周冬梅:《加强林权档案管理》,《兰台世界》2005 年第 5 期。

周珂:《论我国林业物权的体系构造》,《江苏行政学院学报》2008 年第 2 期。

周树林、李燕、安然:《森林资源流转的行政立法研究》,《内蒙古林业调查设计》2005 年第 28 期。

周训芳、谢保国、范志超:《林业法学》,北京:中国林业出版社,2004。

朱传忠:《集体林权制度改革的对策探讨》,《湖北林业科技》2006 年第 6 期。

邹东涛:《经济中国之制度经济学与中国》, 北京: 中国经济出版社, 2004。

邹进泰、马德富、刘秀清:《我国农地经营的规模经济性问题探讨》,《农业现代化研究》2003 年第 24 期。

Acemoglu, Daron. "Why not a Political Coase Theorem? Social Conflict, Commitment and Politics". *Journal of the Comparative Economic*, 2003, 31, (4).

Alig, Ralph, Adams Darius, Mccarl Rruce A. "Impacts of Incorporating Land Exchanges between Forestry and Agriculture in Sector Models". *Journal of Agricultural and Applied Economics*, 1998, 30 (2).

Alig, Ralph. "Econometric Analysis on the Factors Influenceing Forest Acreage Trends in the Southest". *Forest Science*, 1986, 31 (1).

Carter, M. R. & Yao, Y. *Adiministrative vs. Market Land AI Location in Rural China*, 1998.

Coase, R. "The Nature of the Firm". *Economica*, 1937, vol. 4.

Coase, R. "The Problem of Social Cost". *Journal of Law and Economics*, 1960, vol. 3.

Coase R. "The Problem of Soeial Cost". *Journal of Law and Eeonomics. oet*, 1960.

Darla K. Munroe, Abigail P. York. Jobs, House and Tress: Changing Regional Structure, Local Land-Use Pattern, and Forest Cover in Southern Indiana. *Growth and Change*, 2003, 34 (3).

Demset. H. "Towords a Theory of Property Rights". *American Economic Review*, May, 1967.

Furbotn E. and S. "Pejovieh. ProPertv Rights and Economics

Theory: A Surrey of Recent Literature". *Journal of Literature*, 1972.

Horst Weyerhaeuser, Fredrich Kahrl, Su Yufang. "Ensuring a Future for Collective Forestry in China's Southwest: Adding Human and Social to Policy Reforms". *Forest Policy and Economics*, 2006, 8 (4).

John, L. Pender & John, M. K. "The Effects Land Sales Restrictions: Evidence from South India". *Agricultural Economics*, 1999, (21).

North. D. C. "Institutions and Credible Commitment". *Journal of Institutional and Theoretical Economics*, 1990.

North D. C. *Institutions, Institutional Change, and Economic Performance.* Cambridge University Press, 1990.

Peiovich. S. *The Economics of Property Rights: Owards a Theory or Comparative Systems.* Kluwer Academic Publichers, 1990, (2).

Peter Ho. *Development Dilemmas: Land Reform and Institutional Change in China.* London: Routledge, 2005.

Runsheng Yin, David H. Newman. "Impacts of Rural Reforms: The Case of the Chinese Forest sector". *Environment and Development Economics*, 1997, 2 (3).

Terryv. D. "Scenarios of Central European Land Frag Mentation". *Land Use Policy*, 2003, (20).

Wegren. S. K. Why RuraL. Post-Communist Economics Russians Participate in the Land Market: Socioeconomic Factors, 2003, 15 (4).

William F. Hyde, Gregory S. Amacher, William Magrath. Deforestation and Forest Land Use: Theory, Evidence, and Policy Implications. World Bank Research Observer, 1996, 11 (2).

Yajie Song, Guoqian Wang, William R. Burch, Jr, Michael A. Rechilin. "From Innovation to Adaptation: Lessons from 20 Years of the SHIFT Forest Management System in Sanming, China". *Forest*

集体林权流转制度研究

Economics and Policy, 2004.

Yajie Song, William R. Burch, Gordon Geballe, Liping Geng. "New Organizational Strategy for Managing the Forests of Southeast China: The Share-Holding Integrated Forestry Tenure (SHIFT) System". *Forest Economics and Policy*, 1997.

附　　录

附表1　四会市林业局收费项目标准公示表

收费项目	计算单位	收费标准（元）	批准机关及文号	备注
一、林权证工本费	证	5	粤价〔2002〕129号	
二、林权证勘测费			粤价〔2002〕129号	
（1）1000公顷以下	公顷	3		不含农村的；不足100公顷的按100公顷计收
（2）1000~3500公顷	公顷	2		
（3）3500~7000公顷	公顷	1.5		
（4）7000公顷以上	公顷	1		超过5万公顷的按5万公顷计收
三、国内森林植物检疫收费	收费起点额（元）	按货值的%		
1. 苗木（包括花卉、观赏苗木）及其他繁殖材料				免费限量：限花卉及观赏苗木2株
（1）调运检疫	0.5	0.8	省物价局、财政厅粤价费（1）字〔1994〕250号	免费限量：大粒种子300克中粒种子100克小粒种子50克
（2）产地检疫	1	0.4		
2. 林木种子				
（1）调运检疫	0.5	0.20		
（2）产地检疫	1	0.10		免费限量：2500克5株根小件
3. 木材（包括竹类及产品）				
调运检疫	1	0.20		

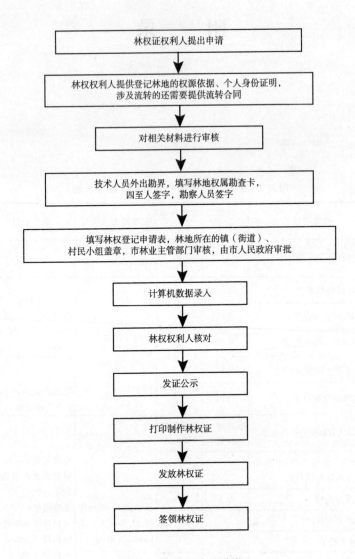

| 林权证权利人提出申请 |

| 林权权利人提供登记林地的权源依据、个人身份证明，
涉及流转的还需要提供流转合同 |

| 对相关材料进行审核 |

| 技术人员外出勘界，填写林地权属勘查卡，
四至人签字，勘察人员签字 |

| 填写林权登记申请表，林地所在的镇（街道）、
村民小组盖章，市林业主管部门审核，由市人民政府审批 |

| 计算机数据录入 |

| 林权权利人核对 |

| 发证公示 |

| 打印制作林权证 |

| 发放林权证 |

| 签领林权证 |

附图1　林权证办证流程

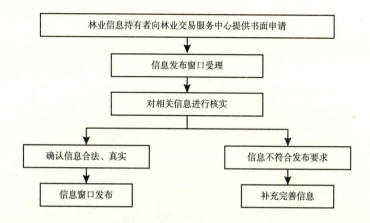

附图 2 林业信息发布流程

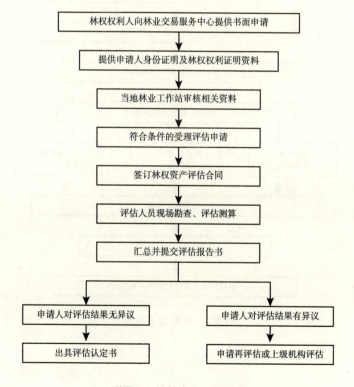

附图 3 林权资产评估流程

231

集体林权流转制度研究

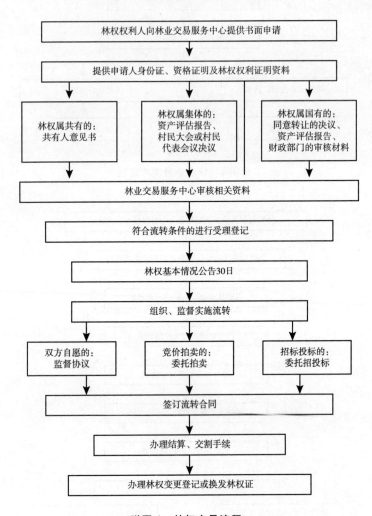

附图 4　林权交易流程

232

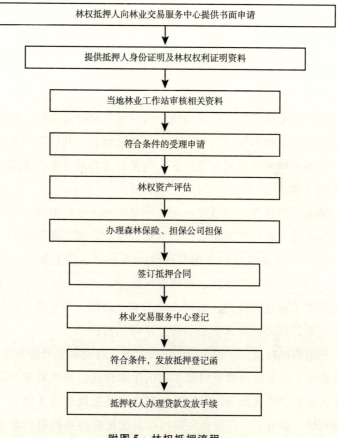

附图 5　林权抵押流程

后 记

时光如流水，三年已成为历史的一瞬！回顾这三年，虽然充满了求学的艰辛和奔波的劳顿，但也是自己得到不断磨砺和进步的过程。本书的顺利完成得益于许多人的关心与帮助，在此谨献上我诚挚的谢意！

感谢我的恩师江华教授。在三年攻读博士学位期间，本人得到江老师的悉心指导和亲切关怀，从拟订培养方案、课程选修、论文选题到论文成稿的每一个重要环节无不浸透着江老师的心血与汗水。恩师严谨的治学态度、精深渊博的学识和注重实践的学术风格为我指明了前进的方向，恩师高尚的职业道德、深厚的人格修养以及平和豁达的处世方式更是我终生学习的榜样。

感谢高岚教授。在攻读博士学位之前，我对林业经济知之不多，正是聆听了高老师的课程以及多次的学术讨论，使我对相关知识有了深入认识和准确把握。特别是，高老师还把我吸收入她主持项目的课题组，参与了"广州市集体林权制度配套改革机制创新及其实践研究"等项目，并赴广东林改试点市（县）进行了实地调研，获取了大量调研资料，为本书的选题和写作提供了大量素材。

感谢经管学院各位老师的教诲。在温思美教授、罗必良教授、傅晨教授、欧晓明教授、熊启泉教授、谭砚文教授等老师开设的课程上，我受益良多。通过师生互动讨论、交流与对话，拓宽了视野，活跃了思想，使我逐渐了解了国内外有关农林经济管理研究的学术前沿。此外，在李大胜教授、张岳恒教授、孙良媛教授、庄丽娟教授、赖作卿教授等众多老师的学术报告中，也得到了很大的思想启发。他们渊博的学识、丰富的阅历、深邃的思想使我终生受益。在此，谨向各位师长的谆谆教诲和辛劳付出表示深深的敬意！

感谢广东省及三个试点市（县）林业部门的领导和农民兄弟们。为了安排好调研活动和获取案例数据，广东省林改办的吴自华科长付出了很多辛劳。在调研过程中，四会、博罗、始兴三个试点市（县）林业局及其林改办、林业站的领导和工作人员热情地接待了我们课题组，介绍情况，提供材料，并亲自陪同下乡调研。尤其是四会市林业局局长冼志权、四会市林改办彭志雄主任、四会市下茆镇和贞山街道的镇、街、村领导及农民兄弟们，提供了全面、完整的原始数据和调查资料，为本书的顺利完成奠定了坚实的基础。

感谢经济管理学院的师兄弟及同学们。三年的学习使我获益良多，与胡武贤、于明霞、周莳文、罗双发、王克俭、贾海薇等同学的学术讨论使我深受启迪。特别要感谢师兄胡武贤，对本书的修改方向提出了中肯的建议。

感谢父母妻女在我求学阶段给予我的关爱，没有他们的关爱和支持，很难想象我能完成学业。在我困惑迷茫倦怠的时刻，妻子默默的支持，女儿可爱的笑容，总是能够给予我坚持下去的勇气。可以说，我能按期毕业，有一半的贡献属于他们。

在本书的出版过程中，得到了广州市社会科学界联合会资助社会科学出版项目的大力支持，在此表示最深的谢意。社会科学文献出版社参与审稿的老师对本书提出了宝贵的修改意见，使得本书更加完美，在此，对他们的辛勤劳动表示深深的谢意。

杜国明

2012 年 11 月

于广州五山

图书在版编目（CIP）数据

集体林权流转制度研究/杜国明著. —北京：社会科学文献
出版社，2013.5
（羊城学术文库）
ISBN 978 - 7 - 5097 - 4452 - 9

Ⅰ.①集… Ⅱ.①杜… Ⅲ.①集体林 - 所有权 - 流转机制 -
研究 - 中国 Ⅳ.①D922.634

中国版本图书馆 CIP 数据核字（2013）第 061732 号

·羊城学术文库·
集体林权流转制度研究

著　　者／杜国明

出 版 人／谢寿光
出 版 者／社会科学文献出版社
地　　址／北京市西城区北三环中路甲 29 号院 3 号楼华龙大厦
邮政编码／100029

责任部门／社会政法分社　（010）59367156　　责任编辑／曹长香　周永霞
电子信箱／shekebu@ssap.cn　　　　　　　　责任校对／李瑞芬
项目统筹／王　绯　　　　　　　　　　　　　责任印制／岳　阳
经　　销／社会科学文献出版社市场营销中心　（010）59367081　59367089
读者服务／读者服务中心（010）59367028

印　　装／北京季蜂印刷有限公司
开　　本／787mm×1092mm　1/20　　　　　印　·　张／12.6
版　　次／2013 年 5 月第 1 版　　　　　　　字　　数／215 千字
印　　次／2013 年 5 月第 1 次印刷
书　　号／ISBN 978 - 7 - 5097 - 4452 - 9
定　　价／55.00 元